图说中国文化

ILLUSTRATED INTRODUCTIONS OF CHINESE CULTURE

考古发现卷

王月前　洪　石／编著

吉林人民出版社

图书在版编目（CIP）数据

图说中国文化·考古发现卷／王月前，洪石编著．—长春：吉林人民出版社，2007.10

ISBN 978-7-206-05388-7

Ⅰ.图… Ⅱ.①王…②洪… Ⅲ.①传统文化—中国—图解②考古发现—中国—图解

Ⅳ.G12—64 K87—64

中国版本图书馆CIP数据核字（2007）第146531号

图说中国文化

考古发现卷

编　　著：王月前　洪　石

责任编辑：谷艳秋　封面设计：石　征　责任校对：阎　勇

吉林人民出版社出版 发行（长春市人民大街7548号 邮政编码：130022）

全国新华书店经销

印　　刷：北京画中画印刷有限公司

开　　本：810mm×1060mm　1/16

印　　张：13　　字　数：180千字　　图　片：300幅

标准书号：ISBN 978-7-206-05388-7

版　　次：2009年5月第1版第2次印刷

定　　价：39.80元

总序

中国传统文化源远流长，博大精深，凝结着炎黄子孙改造世界的辉煌业绩，包含着华夏先哲的无穷智慧，是先民留给后人的一份极其丰赡、弥足珍贵的宝藏，是人类文化园地中一朵璀璨的奇葩。在中华五千年的文明史上，传统文化就像一位永不疲倦的精神纤夫，牵引着历史航船破浪前行。

中国传统文化纷繁复杂。它主要包括物质文化、制度文化和精神文化三个层面。物质文化是指经过改造了的自然存在物；制度文化是指人类在改造自然过程中形成的人与人的关系以及规范化了的经济、政治、教育等各种制度、体制和方式；精神文化是指人类在加工自然、塑造自我的过程中形成的价值观念、心理状态、思维方式、审美情趣、道德风尚、宗教信仰、民族习性等等。随着历史的发展和社会的进步，中国传统文化中的某些文化因子已经成了明日黄花，但有许多文化因子具有着超越时空的生命力，直到今天仍然是我们推进历史发展的“价值客体”。

中华民族历来有着尊重历史、珍视文化、继承发展、综合创新的优秀文化传统。尤其是在科学发展、促进和谐的今天，我们更应该大力开掘中华传统文化这一丰富的宝藏。正如罗曼·罗兰所说：人类历史上的那些优秀文化遗产就如一座座高峰，我们要定期登上这些山峰去看一看，去呼吸新鲜空气去汲取营养，然后我们才能神清气爽地下得山来，勇敢地投入生活。对于中华民族来说，汲来中国传统文化这渠活水，它可以为今天的社会主义现代化建设提供精神动力、智力支持和文化保证。对于我们每个人来说，学习和吸收中华传统文化，“它能给勇敢者以智慧，也能给勤奋者以收获”；“它能给懦弱者以坚强，也能给善良者以欢乐”……

中国传统文化是特定历史时代的产物。随着历史的高歌猛进，中国传统文化所使用的语言，当时虽然明白易晓，今天却变得古奥难懂了；所反映的生活，当时虽然真切实在，今天却显得遥远隔膜了；所表达的观念，当时虽然几乎妇孺皆知，今天却已经逐渐被人淡忘了。为了便于广大读者学习，我们吉林人民出版社组织编写了这套《图说中国文化》丛书。全书共分十卷：思想卷、文学卷、艺术卷、科技卷、考古发现卷、建筑工程卷、中医中药卷、器物卷、饮食卷、民俗卷。每卷均采取图文并茂的方式，或对文化巨人、文化思想，或对文化事象、文化运动，予以阐释。但要凿通悠悠的时空隧道，破解往圣先贤们的符号编码，却是一件十分困难的事情，而且尚有许多见仁见智、悬案百年的问题。因此，我们的叙述和阐释只是读者达到彼岸的桥梁，而它们本身并不是彼岸。

面对浩瀚的中国传统文化，我们这套小丛书只能说是在海边采撷了几个小小的贝壳，远谈不上包罗净尽、解说确当，更不待说尽其精要、毕发奥旨了。为此，我们真诚地希望广大读者批评指教，以期日后改正提高。

胡继華

2007 年 8 月 28 日

目录

考古发现卷

目录
考古发现卷

目录

考古发现卷

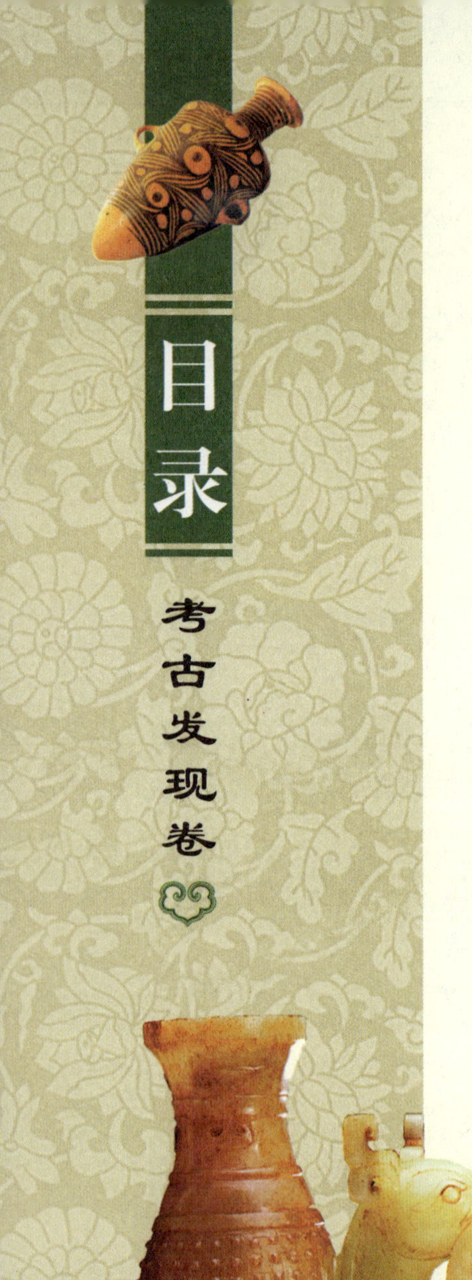
目录
考古发现卷

前言

作为人文科学的考古学属于历史学的重要组成部分，特点在于根据实物来研究历史。中国是世界文明古国之一，历史很悠久，过去我们常以上下五千年来概括自己的历史，当然现在证明是不全面的，因为那仅仅是根据文献记载和历史传说得出的年代，受到诸多的局限，事实上我们的历史比这个数字还要悠久得多。中国人历来重视历史，历代王朝都要编修前代的历史，这已经形成一种制度，所以中国的历史研究起步很早，史学史至少有 2 500 年。与之相比，考古学则显得年轻得多，近代考古学 20 世纪 20 年代才传入中国，在中国只有 80 多年历史，世界范围也不过一百五六十年的时间。

中国有自己土生土长的考古学，宋代以来就有金石学，它以古代铜器和石刻为主要研究对象，对古器物进行图录，侧重于铭文的著录和考证，以补证经史的不足。清代金石学进入鼎盛时期，研究范围扩大，鉴别和考释水平也显著提高，但基本定位在对传世文物鉴定的层次上，研究对象也限于金属、玉、陶、木、纸等古董，是中国特色的考古学研究。

可能是因为有这样的考古学基础，所以与很多国外的研究定位不同，现代考古学从诞生之日起就与历史学有着不可分割的联系。80:2 500，差距非常悬殊，但考古学却成功实现了延伸历史年代空间与丰富历史发展内容的双重目的，为中华文明古国的历史提供了大量具有极高价值的实物资料，从而刷新了中国历史时间与空间、横向与纵向、远古与近代等多方面、多层次、多角度的重大史实，解决了长期困扰史学界的许多难题。这些都得益于考古学的迅速发展。尤其是史前史，完全依靠考古学提供了证据进行恢复，不但重建了主要的历史发展脉络，而且修正了大量后代文献与历史传说中的错误，防止以讹传讹的继续发生，不断向着历史的真实走近。也只有在这些努力的基础上，才能总结出关于中国历史最全面的认识，就像考古学家概括的那样：中国历史是有“超百万年的根系，上万年的文明起步，五千年古国，两千年的中华一统实体”。揭示如此气势恢弘的发展历程，考古学功不可没。

没有一个学科生来就是社会不可缺少的，相反是学科应运

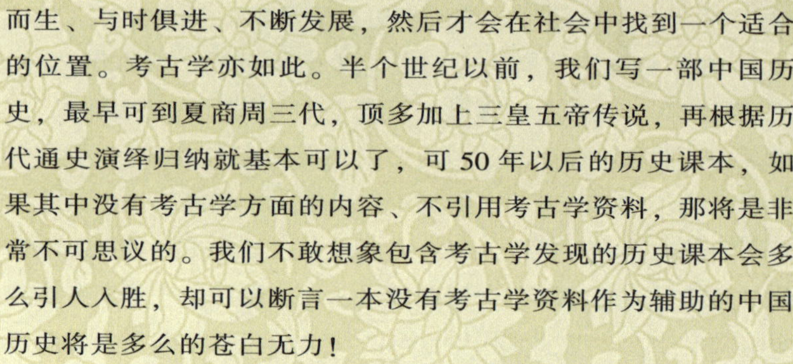

而生、与时俱进、不断发展，然后才会在社会中找到一个适合的位置。考古学亦如此。半个世纪以前，我们写一部中国历史，最早可到夏商周三代，顶多加上三皇五帝传说，再根据历代通史演绎归纳就基本可以了，可50年以后的历史课本，如果其中没有考古学方面的内容、不引用考古学资料，那将是非常不可思议的。我们不敢想象包含考古学发现的历史课本会多么引人入胜，却可以断言一本没有考古学资料作为辅助的中国历史将是多么的苍白无力！

20世纪是考古学的世纪，在不到一百年的时间里，从南到北、由东至西掀起了考古发掘与研究的热潮。本书所列举的考古内容，均为20世纪以来中华大地上的重要发现，是从成百上千项考古发现中精选出来的，非常具有代表性。它最远可到一百多万年前的旧石器时代、最近的则有刚刚逝去的明清王朝的历史积淀，有新石器时代的原始氏族、也有历史传说最丰富的夏商周三代青铜文明，有统一的多民族国家形成阶段的秦汉魏晋时期，也有国力强大的隋唐盛世，更有宋元时期各民族竞相逐鹿的场面……因为捡选的资料都是各个时期经典中的经典，所以呈现在读者面前的多是赏心悦目的稀世之宝，也有少量反映当时社会现实的重要遗迹。聪明的读者可能会发现，如果以时代为序，内容中一大半是石器时代与夏商周时期，秦汉以后的内容只占少部分，至于宋元明清时期的内容更是屈指可数。这不是刻意的安排，而是由于考古学特点及研究的主要内容决定，因为考古学对于越是古老的对象越是具有不可比拟的优势。

一幅图片不过是蜻蜓点水，一本书籍只是以管窥豹，一次重大发现就像扑朔迷离的侦探故事。随着时代的发展，新发现不断涌现，神秘的考古将引导我们遨游更广阔的历史空间。

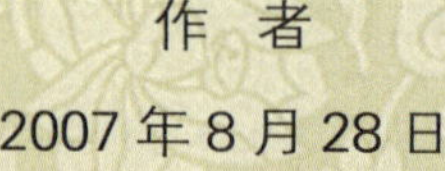

作 者

2007年8月28日

001 中华大地

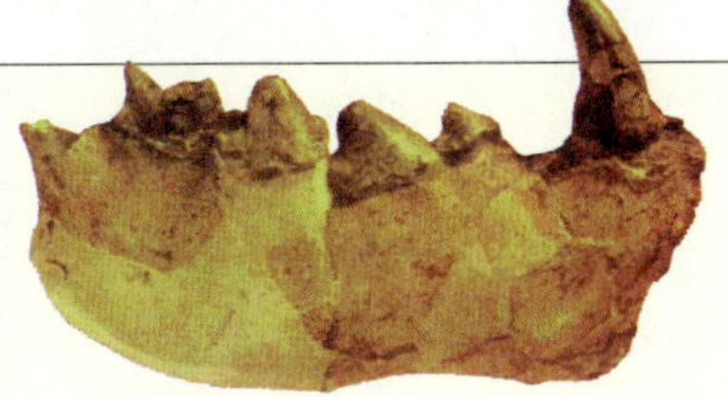

最古老的人类——元谋人

时代最早是元谋人的主要特征，在中国考古学和人类学研究中地位无可争议。

元谋县位于云南省楚雄彝族自治州，是一个依山傍水的小盆地。20世纪60年代中期，为了配合成昆铁路的勘查设计，中国地质科学院的几位地质学家深入元谋县考察第四纪地质情况。

县城东南的上那蚌村附近盛产哺乳动物化石，有“十龙口”之称，这一现象引起了考察队的注意，他们来到村西北的一个小山包附近进行勘查，在山下更新世早期地层中发现了大量动物化石。为了搞清这些化石的详细种类和准确数量，工作人员继续用工具仔细寻找，突然他们惊喜地发现在这些化石中居然有两颗是人类的牙齿，牙齿之间相距约10厘米左右，一颗牙齿半露于地表，齿根埋在土中，另一颗则大部分埋于土中。这一重要发现鼓舞了在场的所有工作人员，他们小心翼翼

动物化石

地将牙齿化石采集出来，请当时的中国地质博物馆专家进行了鉴定，结果显示这两颗均为猿人牙齿化石，同属一个男性成年个体，牙齿的基本形态与北京猿人同类牙齿特征相似。后经古地磁方法测定，证明这两颗牙齿化石距今170万年，并依此确立了“直立人元谋新亚种”这一新的人种，简称“元谋人”。

元谋人的发现很快轰动了世界，在以后的时间里，中国科学院、中国地质科学院、北京自然博物馆等多家专业机构在元谋人地点开展了多学科的综合研究，并相继进行了大规模的发掘工作，发现了石器、炭屑、烧骨和大量哺乳动物化石，为全面认识元谋人的生活状态提供了充分的证据。

鹿角化石

目前，关于元谋人最重要的发现仍然是最早被确认的两颗人类牙齿，它们分别为上颌的左右内侧门齿，均呈浅灰白色，石化程度很深，由于长期的埋藏，牙齿表面遍布裂纹，裂纹内填充了褐色的黏土。元谋人的牙齿个头儿要比现代人的牙齿大，也粗壮得多，齿冠

剑齿虎犬齿化石

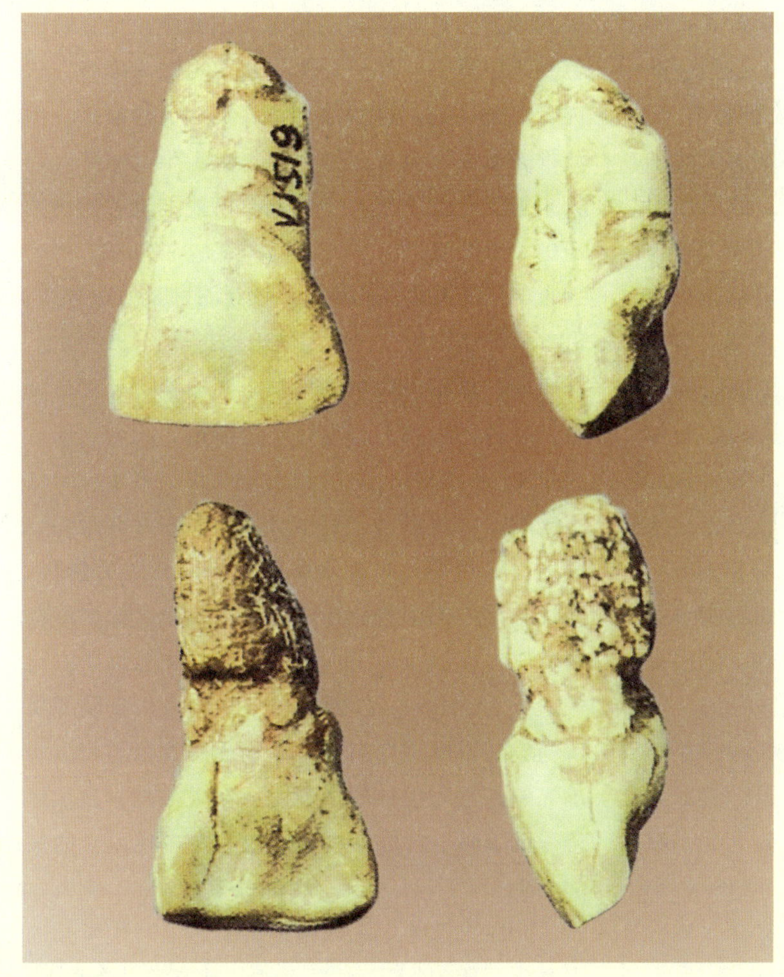

元谋人门齿化石

如铲形，基部收缩成柱状，齿冠末端较基部有所扩展，使得齿冠整体略呈三角形。齿冠唇面比较平坦，舌面的模式则非常复杂，具有明显的原始性质，牙齿的基部有非常显著的底结节，从底结节向齿冠的边缘有三条长短粗细不同的指状突。由于没有头部骨骼的资料可以比对，所以这两颗牙齿就成为推断元谋人体质特征的主要依据。根据人类学家的研究成果，元谋人一方面接近纤细南方古猿特征，另一方面又反映了与现代猿类的接近之处，所以他们是从纤细南方古猿向直立人过渡的一种类型，年代要大大早于北京猿人。

元谋人的文化遗物有石制品、带有人工痕迹的动物骨片以及可能为人工用火的遗迹等。

石制品包括地层中出土的和地表上采集的两部分。地层中出土的

元谋人遗址

石制品7件，原料选用脉石英，种类有石核和刮削器等，石器表面人工痕迹清楚，多数器形不大。这些石器和人类的牙齿虽然不在同一水平面上，但层位大致相同，且距离又不远，所以应是元谋人制作和使用的工具。在地表上采集的具有明显人工痕迹的石制品10件，也基本分为尖状器、石核及石片等，这10件石制品与人牙化石出土点水平距离不远，器物上附着的土质和器身棱角磨蚀程度，与地层内出土的石制品接近，说明它们很可能也是元谋人制作的，但后来因自然或人类活动扰动到了地表。

石尖状器

元谋人的石器是目前我国已发现的时代最早的与原始人伴生的石器。它们与北京人、蓝田人的石器，从原料、制作方法上都有相似之处，根据已发现的细石器材料，其中有很多凹口深的刮削器，它们被认为是用来加工箭杆、骨针之类器具的，这证明当时人类的狩猎活动已很发达。

在元谋人化石产地地层中，还发现大量炭屑，长径一般在4-8毫米之间，最大的达15毫米，小的有1毫米左右。这些炭屑大多分布在黏土和粉砂质黏土中，少量夹在砾石透镜体内。最密集的有两处，分布的上、下界约3米，大致可分三层，层与层之间相隔30-50厘米。耐人寻味的是，凡有炭屑的地方总是伴随有动物化石。其中找到几块颜色发黑的骨头，部分骨头经鉴定可能为烧骨。研究者普遍认为，这些是当时人类用火的痕迹，据此推断元谋人可能已经在生存过程中掌握了利用火来加工食物的技术，这就有可能把人类用火的历史大大推前一步。

与元谋人共生的哺乳动物化石数量也比较多，以食草类动物为主，有泥河湾剑齿虎、桑氏鬣狗、云南马、爪蹄兽、中国犀、山西轴鹿等近30个物种，绝种动物几乎占总数量的100%，其中上新世和早更新世的占38.8%，这表明元谋人的生存时代不会晚于早更新世。有些骨片的两端有清楚的切削痕迹，可能是古人准备用来制作骨器的材料。遗址地层内的植物孢粉成分分析显示，松属植物占33.3%，桤木属植物占13%，而草本植物所占比例最大，达40%，包括禾本科、藜科和艾属等草甸植物。根据孢粉组合及动物化石等特点可以看出元谋人当时生存的气候比现在更凉爽，自然环境呈现森林—草原景观，比较适合古代人类的居住与生活。

元谋人作为中国西南地区旧石器时代早期的人类化石是迄今所知中国境内年代最早的直立人，我国及一些国家已将此发现写进了教科书。元谋人化石的发现与研究，将我国人类历史提前了100多万年，是我国迄今发现的早期类型直立人的代表，证明云南地区也是人类早期活动的地区之一，是人类童年的摇篮。

人类进化的一般阶段

早期猿人，距今300-200万年，已具备人类基本特点，能直立行走，制造简单工具。晚期猿人，距今200-30万年，身体像人，脑量较大，可以制造较进步的旧石器，会用火。早期智人，距今20-10万年到5万年前，逐渐脱离猿的特征，和现代人很接近。晚期智人，距今5-4万年，非常接近现代人，有雕刻、绘画艺术与原始宗教，进入母系社会。

002 人类发展史上的里程碑——周口店北京猿人

周口店是中国第一个发掘的猿人地点，具有里程碑意义，加上围绕北京人头盖骨之谜的一系列传说，使得它更充满了神奇色彩。

19世纪中叶，世界上掀起了一股寻找人类祖先的热潮，古老东方的中国也逐渐开始吸引全世界的目光，北京猿人遗址就是在这种时代背景下被挖掘出来的，是世界古人类考古中的一个重大发现。

北京猿人遗址外景

遗址位于北京西南周口店龙骨山的山洞里，东边有一条小河，北、西、南均为群山环绕，东南是广大的平原。1921年，当时的中国政府矿政顾问、瑞典学者安特生在龙骨山北坡找到一处丰富的化石产地——周口店第1地点。在这里先后发掘出三颗人类牙齿，命名为“北京中国猿人”，俗称“北京猿人”，属直立人的一个亚种，距今70万-20万年左右。1929年，中国学者裴文中发现了第一个完整的北京猿人头盖骨，随后又发现了石器和用火遗迹，震动了国际学术界。从1927年到1937年十年间，研究人员相继在这里发现猿人头盖骨5个及大量头骨碎片、面骨、下颌骨、股骨、肱骨、锁骨、月骨等，还有牙齿140余颗。

1937年，日本帝国主义全面发动了侵华战争，周口店发掘工作被迫中断。当时已发现的这些珍贵标本，在太平洋战争爆发前后，由美国人运出北京，从此下落不明。有消息说落到了日本人手里，在装船运送回国时遇到海难沉到了海底，还有一个说法是运回日本国内秘藏在民间，也有传说还留在中国并埋藏于

烧骨化石

地下等等，总之关于北京猿人最早一批国宝资料的下落迄今还是谜案。

新中国成立后，北京猿人的发掘工作得到恢复，又发现了人类头盖骨1个和若干牙齿、下颌骨、上臂骨和胫骨化石，加上解放前的资料，合计头盖骨6个、头骨碎片12个、下颌骨15个、牙齿157颗及断裂的股骨、胫骨等，分属40多个男女老幼个体。同时，发现了10万多件石制品以及丰富的骨器、角器和用火遗迹。在世界上已知的同一阶段人类遗址的材料中，是最丰富也是最系统的，为研究旧石器时代早期的人类及其文化提供了可贵的资料。

北京猿人头骨的最宽处在左右耳孔稍上处，向上逐渐变窄，剖面呈抛物线形。这与现代人头骨的最宽处上移到头颅的中部不同。北京猿人头盖骨低平，额向后倾，比猿类增高，但低于现代人。眉嵴粗壮，向前突出，左右互相连接。颅顶正中有明显的矢状嵴，头骨后部有发达的枕骨圆枕。头盖骨比现代人约厚一倍，成人脑量达1 000多毫升，介于猿和现代人之间。

北京猿人面部较短，吻部前伸，没有下颏，有扁而宽的鼻骨和颧骨，颧骨面朝前，宽鼻子，面孔低而扁平。下颌骨的内面靠前部有明显的下颌圆枕，牙齿无论齿冠或齿根都比猿类弱小，齿冠的纹理也简单，但比现代人粗大、复杂得多。另外，犬齿和上内侧门齿的舌面，有由底结节伸向切缘的指状突，上内侧和外侧门齿的舌面为明显的铲形。门齿形态与面部结构等具有明显的现代蒙古人种特征。

石砍斫器

北京猿人的身高约为1.56－1.57米。下肢骨髓

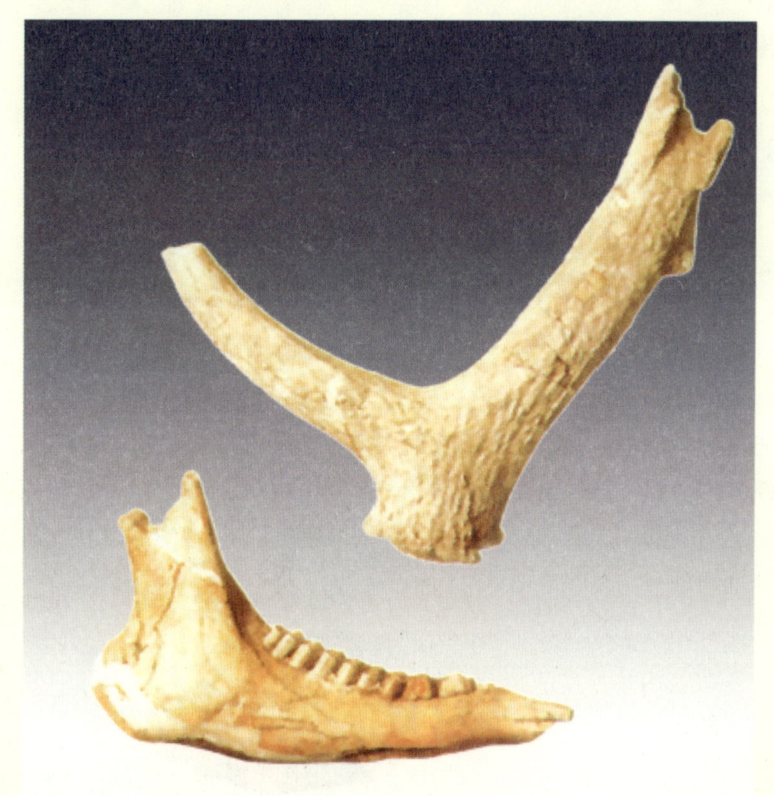

肿骨鹿下颌骨与鹿角化石

腔较小，管壁较厚，股骨的髓腔只占骨干最小直径的三分之一，在尺寸、形状、比例和肌肉附着点等方面都和现代人相似，表明他们已经善于直立行走。北京猿人的上肢骨除了髓腔较小管壁较厚外，与现代人已十分接近，说明他们的上肢已能进行与现代人十分相似的活动。

北京猿人的文化遗物包括石制品、骨角器和用火遗迹。石器以石片石器为主，石核石器较少，且多为小型。原料有脉石英、砂岩、石英岩、燧石等砾石，石器有砍斫器、刮削器、雕刻器、石锤和石砧等多种类型。砍斫器尺寸较大，选用扁圆的砂岩或石英砾石，从一面或两面打出刃口制成。刮削器系用大小不同的石片加工而成，有盘状、直刃、凸刃、凹刃、多边刃等形状，是石器中数量最多的一类。尖状器和雕刻器数量不多，但制作比较精致，尺寸小巧，有的只有一节手指大小，制作程序和打制方法比较固定，反映出一定的技术水平。

北京猿人遗址化石堆积厚30多米，自上而下可分为13层，主要由洞内崩塌的石灰岩碎块和流水带入洞内的黏土、粉砂等沉积物构成，还有用火后留下的灰烬。较大的灰烬层有4个，最厚处达6米多。灰烬层中发现许多被烧过的石头、骨头和朴树籽。灰烬有的成堆，像是长期使用，说明当时人类已能很好地管理火。虽然目前还无法证明北京猿人是否已能人工取火，但他们显然学会了保存火种的方法。洞穴堆积中有许多破碎的兽骨，有些可能是北京猿人制作和使用过的骨器，如用截断的鹿角制作的锤子和掘土工具，用鹿头骨加工成的头盖式的水瓢，用肢骨劈开制成的尖形或刀形骨片等。

灰烬层化石

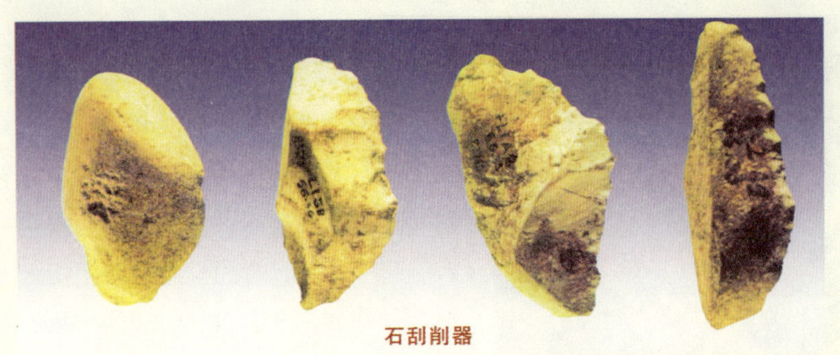
石刮削器

北京猿人在这里居住的时期，气候和自然环境屡经变化，对人类的生活影响也很显著。居住的早期偏冷，可能处于气候的间冰期初期，骨骼中不少是喜冷的动物如狼獾、洞熊、扁角大角鹿、披毛犀等，在动物化石中占优势。中、晚期相对温暖，喜暖的动物如竹鼠、硕猕猴、德氏水牛、无颈鬃豪猪等占优势。这里也有过干旱时期，安氏鸵鸟和巨副驼等动物化石证实出现过草原甚至沙漠。而水獭、居氏巨河狸、河狸等喜水栖动物的发现，又表明这里也曾存在过大面积的水域。季节变化、自然灾害、猛兽侵袭、疾病困扰，无一不给北京猿人带来巨大的威胁。

在严峻的自然条件下，北京猿人依靠群体的力量进行着艰难的生存斗争。北京猿人穴居，从事狩猎和采集，在灰烬中发现敲破的烧骨，表明他们已经知道熟食，并能捕猎大型野生动物。但当时的生活条件还是相当恶劣，人类的死亡率极高，大多数个体寿命在14-15岁之间，超过50岁的不足二十分之一。

北京猿人是人类进化过程中重要的一环，在世界人类学研究中具有不可替代的特殊地位，周口店遗址也因为北京猿人的发现而蜚声世界，吸引着海内外无数游客，成为一个展示中华民族远古灿烂文化的窗口。

猿人头盖骨化石　上　侧视　下　俯视

中·国·主·要·远·古·人·类

直立人	元谋人	170万年
	蓝田人	110-60万年
	郧县人	90-80万年
	北京人	70-20万年
	和县人	30-15万年
早期智人	金牛山人	25万年前
	大荔人	20万年前
	马坝人	15万年前
	长阳人	15万年前
	许家窑人	10万年前
	丁村人	10万年前
晚期智人	河套人	3万年前
	柳江人	3万年前
	山顶洞人	2万年前
	榆树人	2万年前
	资阳人	1万年前

003 新石器革命的先行者——万年仙人洞

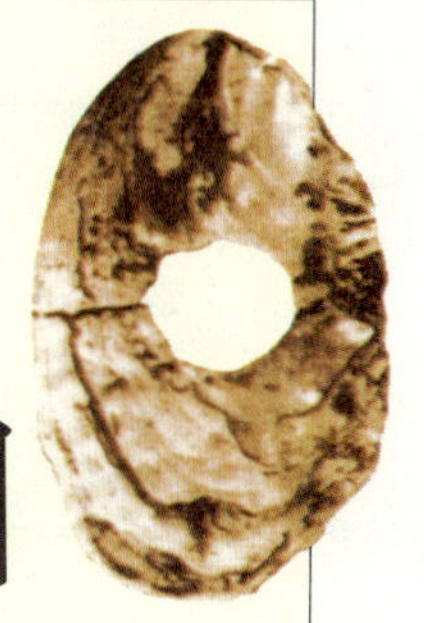

这个遗址的独特之处在于同时发现了旧石器晚期与新石器早期遗存，为研究两个阶段之间的文化传承关系提供不可多得的证据。

“匡庐奇秀，赣水奔流”，位于华南地区的江西以这样的词句来描绘自己的秀山丽水。在赣东北部的怀玉山区、鄱阳湖东岸万年县大源镇小河山脚下，有一处石灰岩洞，千百年来，人们一直传说这里是仙人栖息的地方，故名“仙人洞”。在这个洞穴内，发现了距今大约1万多年的新石器时代早期人类，被称为仙人洞文化。

万年县一带地质上属于喀斯特地形，高低起伏的石灰岩峰峦环绕着一块狭长的小盆地。这里有许多发育良好的溶洞，仙人洞就是其中最著名的一处，它洞口呈岩厦状，剖面弧形，深40米，最高处近6米，宽约19米，是一处比较理想的天然栖息之所。洞穴可分成多个支穴，出土各类文化遗物900余件，还发现数个灰坑和20余处烧火遗迹。堆积内包含有石器、蚌器、骨器、陶片、烧土、炭屑，还有大量的碎兽骨、螺蛳壳、蚌壳等遗物。骨器磨制光亮，蚌器和骨器上普遍钻有圆孔，粗砂红陶片上施篮纹或粗绳纹等装饰。

仙人洞陶罐 “天下第一罐”

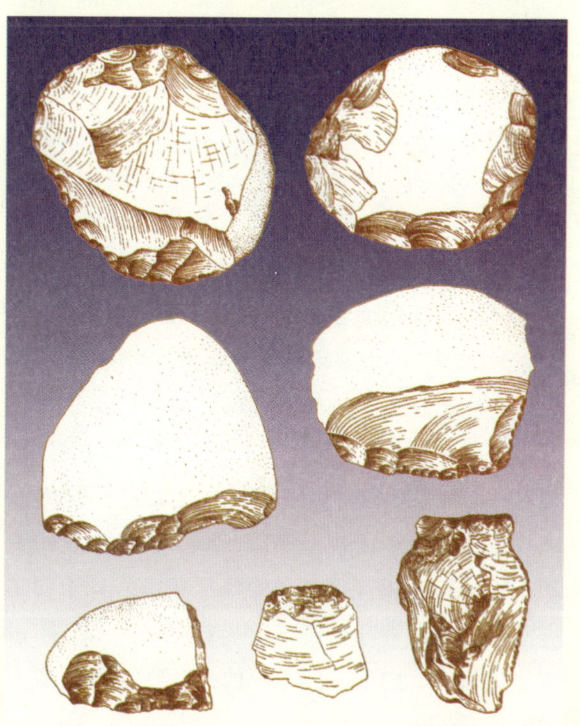

石 器

洞内堆积分上下两层，分别相当于旧石器时代末期与新石器时代早期，年代上有早晚，特征上既有差别又有联系。下层旧石器时代末期堆积中出土了较多生产工具，以打制石器居多，磨制石器较少。打制石器一般仅打出刃部即使用，很少进行第二步加工修整。常见的工具类型有砍砸器、刮削器、盘状器等。磨制石器制作比较粗糙，器类十分简单，主要有扁圆形穿孔石锤、两端尖的石矛以及少量石凿。遗物中还发现许多针、锥、凿、镞、鱼镖等骨角器和尚保留外壳的穿孔蚌器。生产工具普遍制作简单，显示出从旧石器时代刚刚进入新石器时代不久的性状。陶器都已破碎。从残片观察，器型大多是手工捏制而成的圜底罐，器壁凹凸不平，厚薄不匀，胎质粗劣，有些还掺和了蚌末、石英粒。均为手制，在器壁上尚能看到手指痕迹。由于烧造温度较低，烧成气氛掌握不好，所以器物陶色很不稳定，表里颜色不一，有的在同一块陶片上呈现红、灰、黑三色。器形简单，目前仅复原罐一种，纹饰以绳纹为主，内壁和外壁均饰粗绳纹。这些都显示制陶技术尚处于原始阶段，可能采用平地堆烧的方法烧造陶器。

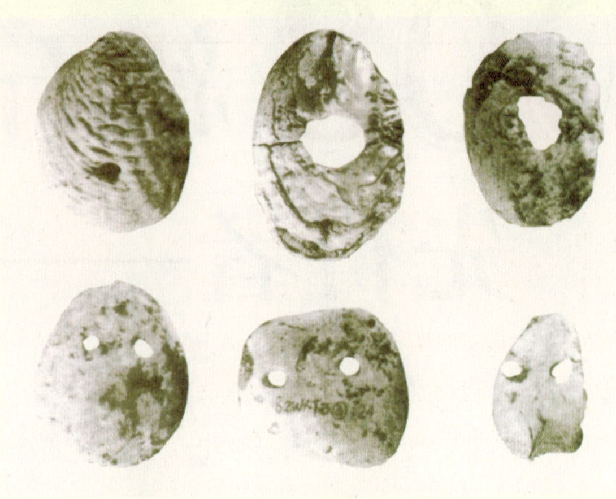

蚌 器

上层新石器时代早期堆积中生产工具也是打制与磨制石器共存，并仍有较多的骨角器和蚌器，还有一部分石器则是经过磨制的，如钻孔器、凿、铲等，磨制得也比较粗糙。器形与较早阶段的大都相近，但新出现了磨光的扁平石锛、骨矛和带梃的蚌镞。陶器质量比下层的有明显进步，由过去质地粗糙、内壁凸凹不平的夹砂红色陶器演变成制作较好的夹砂红陶、夹蚌壳粉红陶、泥质红陶、泥质灰陶等多种质地的罐、豆、壶等。骨器有鱼镖、凿、针、笄等。鱼镖上刻有倒刺，戳鱼的功能较强，凿用于加工木器，针用于缝制衣服，笄上刻有条纹，以便束发时不易滑脱。蚌器多数穿孔，孔一般是对钻或敲凿而成，敲凿的孔四周很不规整。

在仙人洞堆积内，上、下层都发现了多处火堆遗迹，同时含有大量野生动物和螺蚌壳，其中较多的是鹿、猿、虎、野猪、麂、猪獾、小灵猫、果子狸、猕猴、龟、鳖、螃蟹等野生动物的碎骨，但并没有发现家畜的骸骨，表明当时的经济生活主要依靠狩猎、捕捞和采集，还没有稳定的定居生活和大规模的农业生产。

在堆积内发现属于四个个体的人骨化石，成年男女各1人，8岁和1岁的儿童各1人，像是一个四口之家，但当时还处于原始氏族社会阶段，距

仙人洞附近地貌

一夫一妻制家庭的诞生为期尚远，这时人们依然过着共同劳动、共同分配的原始共产主义生活。

绳纹陶片

稻作起源多年来是国际考古学界和农学界的一个热门话题。稻作起源于何时何处？半个多世纪以来一直争论不休。在仙人洞遗址堆积层内出土了大量野生稻和栽培稻植硅石，并且发现了二者在不同时期地层样品中不同的分布规律，说明在距今1万多年前，人们在采集野生稻的同时，已经开始人工种植水稻，并由以采集野生稻为主逐渐向依赖于栽培稻生存方式转化。这是世界上目前所发现的年代最早的栽培稻遗存，将中国稻作历史提前了近5 000年。

在新石器时代，采集、渔猎活动已退居次要地位，农耕和家畜饲养等逐渐成为主要社会部门。仙人洞遗址是我国首次发现的从旧石器时代向新石器时代过渡的人类活动文化遗迹，因此表现出更多的原始性。这时期氏族的迁徙性较强，缺乏稳定的定居生活和农业经济，采集和渔猎经济居于主导地位等。遗址中出土的生产工具和其他文化遗物也说明当时的生产力水平还很低，先民们将兽皮缝缀衣服以避寒，将蚌壳钻孔后串连起来挂在胸前作装饰品，在山洞里燃起火堆烧煮食物和取暖、防御野兽的侵袭，陶器烧制粗糙简单等。这与仙人洞人所处的地理环境也是有关系的，从野生动物的生活环境分析，今天的万年一带在当年还是森林、湖沼地区，自然条件充足，人类不必完全依赖农业生产，以从自然中获取现成的资源就可以维持生存的基本需要。仙人洞完整地层序列及文化内涵向人们清晰地展示了这一过渡时期的演进过程，因此成为了华南全新世洞穴堆积标准剖面的代表。

仙人洞遗址下层堆积中出土的夹粗砂绳纹陶被认定是我国迄今发现的最古老的陶器，年代测定都在1万年以前，也是世界上最早的陶器之一。它与古代人类定居生活和农业生产之间有着密不可分的关系，仙人洞遗址粗劣的人工陶器，从一个侧面反映了当时农业生产处于刚刚萌芽的状态，不可能在社会中占太大的比重。仙人洞距今1万年以上的栽培稻，是现今世界上已知年代最早的栽培稻遗存之一，表明长江流域也是探讨稻作农业起源与传播的一个重要地区。伴随着原始稻作农业的出现，人类烧制出最初的陶器，促进了长期定居村落的形成，也为家畜饲养和手工业等社会分工形成创造了条件。仙人洞以其时代领先、内涵丰富、过渡特征明显成为中国新石器早期文化的杰出代表，因此被誉为新石器革命的先行者。

新石器时代的标志

新石器时代有三个基本特征：开始制造和使用磨制石器、发明了陶器、出现了农业和养畜业。世界各地新石器时代的发展道路不尽相同。有的地方在农业产生后的很长一段时期里没有陶器，因而被称为前陶新石器时代；有的地方在1万多年以前就已出现陶器，却迟迟没有农业的痕迹，甚至磨制石器也很不发达。因此世界范围的新石器发展并不完全同步。

004 粮食加工方式的早期尝试——裴李冈石磨

裴李冈遗址属于新石器早期文化，遗址内发现的谷物加工工具形式独特，数量众多，并有祭祀特征的器物组合，在探讨原始社会生产生活及古人精神世界方面具有重要意义。

裴李冈遗址是华北地区的早期新石器文化遗址，位于河南省新郑县，它所代表的古代遗存称为裴李冈文化，距今8 000–7 000年左右。

乳丁纹陶鼎

裴李冈文化有独立的居住址、窖穴、陶窑和公共墓地。居址均为半地穴式，有圆形和方形两种，面积都较小，直径3米左右，屋内有灶址，硬土居住面边缘紧靠坑壁处均匀地分布着几个柱洞，一般在南壁或西南壁设斜坡形或台阶形的门道以供出入。窖穴有圆形、椭圆形和不规则形多种，少数为圆形小口袋状窖穴，制作十分考究。陶窑结构属于横穴窑，圆形窑室，带有简单的火道。氏族墓地分布比较密集，墓坑均为长方形的浅竖穴，基本上都是南北向，均为单人葬，葬式仰身直肢，头向南。一般都有随葬品，少则一两件，多则十几件，主要是陶器，少量石器，最常见的有双耳壶和三足钵。

制陶业已经具有一定规模。陶器有红褐色砂质和泥质两种，多采用泥条盘筑法制成，器形有杯、碗、盘、三足钵、双耳壶、三足壶、深腹罐、鼎、豆、勺和器盖等，其中以三足钵和双耳壶最有代表性。由于以手工制成，加上烧成温度较低，因此陶质疏松，表皮容易剥落，器壁也厚薄不匀。陶胎中掺以细砂或蚌壳末，陶器多素面，有的略加磨光。部分陶器表面装饰有篦点纹、弧线篦纹、划纹、指甲纹和乳钉纹等，个别还发现过很浅的细绳纹。还发现有陶塑人头、猪头和羊头等艺术品。

陶三足壶

裴李冈文化已经进入锄耕农业阶段，处于以原始农业、手工业为主，以家庭饲养和渔猎业为辅的母系氏族社会阶段。它的社会经济中农业是重要的生产部门，作物有粟，就是通常所说的谷子，还饲养猪、狗、鸡及牛等家畜。狩猎是重要的生产活动，人们以木制的弓和骨制的箭镞进行狩猎，发现有燧石打制的刮削器和骨镞等工具。裴李冈时期人们已经能够种植人工栽培的粟，并且取得了比较规模化的生产，在人们的生活中占有相当的比重。与农业生产相适应，裴李冈人发明了不少进行耕作的农具，有磨制石镰、长条形两端弧刃或舌形一端刃的扁平石铲等，其中最独特的产品就是条形的石磨盘及柱形的石磨棒等。这些石磨盘用整块的砂岩石琢制而成，两端头圆弧形，平面呈鞋底状，一般长70厘米左右，最长者可达1米，宽度一般为20-30厘米，石磨盘底部大都有四个圆柱状的矮足，高3-6厘米。与石磨盘配套使用的是石磨棒，呈圆柱状，长度一般约30-40厘米，直径6厘米左右。由于长期的使用，石磨盘的正面多被石磨棒磨成明显的凹陷。

石磨盘最初的发现都比较偶然，有的被大雨冲刷出来，有的是农民犁地时从地下翻出来的，再有就是农民平整土地取土时挖出来的。人们对于这些形状奇特的石磨盘、石磨棒究竟是何物，为什么地里会生出这些奇怪的东西来，多是不可理解，更没有人想到过，这是一个消失的伟大文明遗留下来的文化精髓，于是就把这些远古的遗物搬回家中充当捶布石、洗衣板或者垫猪圈、垒院墙。直到大规模平整土地时，石磨盘、石磨棒大量成批出现，有的石磨盘、石磨棒组合多达十数套，人们才开始对它的存在时代产生兴趣，进而关心它们的具体用途。

陶三足钵

研究结果表明磨盘与磨棒均为史前人类给谷物脱皮的生产工具，它与那些磨制石镰、扁平石铲等工具都是当时进行农业生产的必要器具。石

墓葬中的石磨盘、石磨棒

铲用于播种前对土地进行深翻，以利于作物种子的生长。石镰则是庄稼成熟以后的收割工具，为了更便于收割，人们把石镰的刃部加工成锯齿状，以弥补刃口锋利程度上的不足。最后就是用石磨盘和石磨棒对收割回来的植物种子进行加工，主要是用碾压的方法，将种子摊开在磨盘上，用磨棒在粮食表面反复进行滚动，目的是为了能将种子上的皮壳脱掉，留下可食用部分，这样粮食口感更好，也更容易被人体消化吸收，对于提高粮食利用率、改善人类饮食状况和增强人体素质等

石　铲

品多为石制的生产工具，女性多为粮食加工工具和生活用具。女性随葬品普遍多于男性，说明女性社会地位高，尚处于母系氏族社会。更重要的是当时人以磨盘和磨棒这些生活中常用的石器在墓中随葬，并且不是随随便便地放在墓里，而是刻意按照一定的形式进行摆放，或有或无、或多或少、或平或立，但似乎都在以器具之间各种不同组合关系来表达不同的含义，有祭祀的性质。

在裴李冈文化中利用石磨盘、石磨棒工具进行农业生产和墓内随葬的现象非常多见，表明了当时这种工具应用的普遍性及其在社会生活中所

石　镰

扮演角色的重要性。黄河流域是世界农业的发祥地之一，裴李冈属于新石器早期文化，正是农业萌芽阶段，其谷物加工工具形式独特，数量众多，并有祭祀特征的器物组合，为探讨原始社会生产生活形式及古人精神世界提供了重要的参考资料。

都具有开创性意义。在7 000年之前如此遥远的时代，人类就能够用整块的石板琢磨出可供谷物脱壳的加工工具，真是不可思议，它的发现给中国的远古文明涂抹上一层神奇莫测的独特风采。

石磨盘与石磨棒不但是当时进行农业生产的主要工具之一，而且也是反映当时人类思想意识的重要证物。在裴李冈遗址发现许多墓葬中利用石磨盘和石磨棒进行随葬的现象，如一个墓中出土石磨盘、石磨棒各一件，石磨盘侧立在墓主人的骨架旁，石磨棒置于石磨盘的两个腿上。在另一座墓中同时随葬两件石磨盘，均平放在墓室中，但没有发现一件石磨棒。还有的墓中只有石磨盘一件，侧立在墓室一旁，石磨棒则搁置一边，紧挨磨盘还放着一个陶罐，罐内盛满大大小小的“鹅卵石”。这些现象透露出许多重要信息，一方面表明当时人的想法是一个氏族的人活着在一起生活，死后在另一个世界仍在一起生活，而且是人活着使用什么生产或生活工具，死后在另一世界仍使用这些工具。另一方面，男女之间存在着明确的分工，男子随葬

石磨盘　石磨棒

粟的起源与传播

粟属禾本科作物，俗称“谷子”，由野生狗尾草进化而来。它起源于我国黄河流域，有7 000多年的栽培历史。人工栽培粟的传播路线：一是由陕西关中传向西面的甘、青、新疆、西藏、云南等地；二是由中原地区传向鲁、苏、东南沿海至台湾；三是通过冀北部向蒙、辽、吉、黑传播。中国以外的地区则是向西经阿拉伯、小亚细亚、俄国、奥地利至欧洲，向东传到朝鲜。传播方式是人工携带和自然运载(鸟载、水载)相结合。

005 音乐发展史上的重音符号——舞阳贾湖

贾湖遗址除了时代早，处于新石器早期外，而且出土了时代最早的七孔骨笛，这一发现对于研究中国音乐发展史无疑是至关重要的。

刻符龟甲

红色圈内为锲刻符号

贾湖遗址是裴李冈文化的重要遗址，距今9 000-8 000年，位于河南省舞阳县，这里气候湿润、地势低平、河流密布，是比较适合人类生息繁衍的理想环境。在纵横的河流之间有一片小湖泊，即是贾湖，遗址就分布在湖泊北岸。20世纪70年代，在修建滞洪区的过程中遗址被发现，平面呈不规则的圆形，总面积5.5万平方米，发现房基50余座，陶窑10多座，窖穴近400座，墓葬300多座，出土陶、石、骨等各类遗物数千件。

贾湖遗址是一座保存比较完好的古村落，环境学研究结果显示史前时期的沟坎和断崖边上生长着矮矮的灌木丛，附近的冈丘和山坡上，有着稀疏的栗、栎、胡桃、榛等植物组成的落叶阔叶林，林中常有野猪、麋鹿出没。在聚落以外有广阔的大草原，貉、梅花鹿、野兔等动物自由自在地追逐奔跑，构成天然的狩猎场。湖沼旁边，栖息着大量的飞禽走兽，不时传来声声啼鸣。聚落周围是先民种植的稻田，间或可以听到阵阵悠扬的笛声。

贾湖先民的居住条件十分简陋，房屋面积一般都很小，多在几平方米到十几平方米。房屋的平面以椭圆形为主，兼有圆形、方形和不规则形等。建筑形式基本上为半地穴式，另外还有少量依次扩建的半地穴式多间房，还有个别地面建筑和干栏式建筑。门道多为台阶式，也有少数为斜坡式。半地穴式房屋是贾湖聚落的主体建筑，在地面上挖浅坑，地面一般都是选择纯净的黄土铺垫而成，而且经过夯打。房屋周围挖柱洞，再用木柱围成墙体，用藤条和竹篾捆扎，用草拌泥进行里外填充，形成木骨泥墙。墙顶上支撑圆锥形

龟甲及内装石子

公共墓地

屋顶，用茅草进行覆盖。房屋内一般都有灶塘，大都砌在房屋中央，也有的砌在门道一侧，灶塘的周围通常摆放着盛水的罐、壶和烧饭用的陶鼎等陶器。

陶器以红陶为主，烧制火候较低，容易破碎。遗址内有很多陶窑，所以这些陶器也都是在当地烧造的。贾湖陶制品制作工艺处于泥片贴筑法向泥条盘筑法过渡的历史阶段，且后者逐渐代替了前者，并有明显的发展规律，为研究这两种成型工艺的关系提供了重要依据。烧陶方法是窑烧与露天烧并存。炊器以鼎、罐为主，汲水主要是小口壶，以盆、钵、碗为主要盛食器，可能已具备了煮、蒸、烧、烤等几种基本的食品加工工艺。

贾湖人石器制作工艺已达到了比较成熟和完善的程度，整个新石器时代的主要工艺均已具备，石铲等石制工具、精致且锋利，装饰品上隧道孔的出现更是这种工艺的最早实例。制骨工艺发达，骨器种类繁多，制作精巧而规整，有些箭头可与后代的金属箭头媲美。

史前安谧稳定的生活环境造就了贾湖人灵巧的心思与古朴乐观的生活情趣，遗址内除了日常生活中使用的器具以外，还出土了不少难得一见的特殊种类器物，包括带有锲刻符号的龟甲和石器，制作精致、保存完好的骨笛和细心琢制而成的石磨盘与石磨棒等。贾湖人之中流行原始巫术与宗教信仰，墓葬中随葬腹内装石子的成组龟甲、杈形骨器等原始宗教用具，存在着龟灵崇拜、祖先崇拜、犬牲和用龟占卜的现象。龟甲、骨、石、陶器上均发现形状、大小不同的锲刻符号，其中个别符号与商代甲骨文有相似之处，与原始文字有关。从龟腹内石子可以看出，贾湖人已有百以上的正整数概念，并认识了正整数的奇偶规律，掌握了正整数的运算法则。

骨笛更是旷世难求的奇珍异宝，共有20多支，采用禽类的翅骨制成，管长25厘米左右。它们分属于贾湖遗址的早、中、晚各期，分为五孔、六孔、七孔和八孔多种形式，不少骨笛保存得相当完好，直到今天还能吹奏出动听的音乐。据研究

陶壶

最早期的骨笛实物距今9 000多年，笛上开有5-6个孔，能奏出四声音阶和完备的五声音阶。中期的骨笛距今8 600年左右，骨笛上开有7孔，能奏出六声和七声音阶。晚期阶段的骨笛距今8 200年左右，能奏出完整的七声音阶以及七声音阶以外的一些变化音。贾湖遗址的骨笛多数有7个音孔，音孔旁钻有调音的小孔，有的还刻画等分符号，表明此时期的骨笛制作与演奏技法应该已经非常成熟了。它们已具有音阶结构，并出现了平均律和纯律的萌芽，可吹奏旋律，且发音准，音质好，尤其是五声音阶骨笛，其音的准确度至今还使人们感到惊异，难以想象是近万年前人类的发明。

贾湖遗址出土了大量炭化稻和稻壳印痕以及大批的农业生产和粮食加工工具，说明这个时期稻作农业是重要的社会生产部门，主要栽培原始状态的粳稻，人骨中碳十三成分研究也表明贾湖人以食用稻米为主，而非粟、黍类植物。这里的气候环境适合耕种，因此成为水稻的初始起源地之一，是中国稻作农业起源地的重要组成部分。通过对出土陶器上附着物进行研究还发现9 000年前贾湖人已经掌握了酒的酿造方法，有世界上最早的酿酒坊。

贾湖遗址的诸多重大发现，向世人展示了八九千年以前人类社会的绚丽画卷，再现了淮河上游地区史前的辉煌，是当时中国社会的一个缩影，为我们研究当时的社会提供了一批不可多得的重要资料。其中的石磨盘、骨笛、陶器、锲刻符号以及碳化的稻粒、陶器中的残留物等，对研究我国及世界的农业史、文学史、音乐史、酿造史和了解当时的生活习俗、状态等都具有重要的意义。尤其是年代最早、保存最完整的乐器——骨笛，是世界上同时期遗存中最为完整、丰富、音乐性能最好的音乐实物，是中国竖吹管乐器的祖型，为研究中国音乐史提供了珍贵的实物标本。它的发现彻底打破了先秦只有五声音阶的结论，把我国七声音阶的历史提到八千年前，改写了世界音乐史，推翻了“中国笛子西来说”和“七声音阶外来说”等错误认识，对后世中国音乐史的发展产生了重要影响，在中国乃至世界音乐史上都具有重要的历史地位。

史前乐器

史前乐器起源于古代人们生产劳动的实践，材料多选用石、陶、木、骨等，主要分为打击乐器和吹奏乐器两大类。打击乐器是人们在打击石块、制造石器或是砍凿木头、制作木器时受到声响和节奏的启发而发明的，有陶钟、石磬、木鼓、陶鼓以及摇响器等。吹奏乐器的起源可能与狩猎时引诱禽兽的拟声工具及口哨有关，以后才逐渐演变成专门用来演奏的乐器，有陶号角、陶埙、骨哨、石哨、骨笛等数种。

七孔骨笛

006 古老的塞北村落——兴隆洼

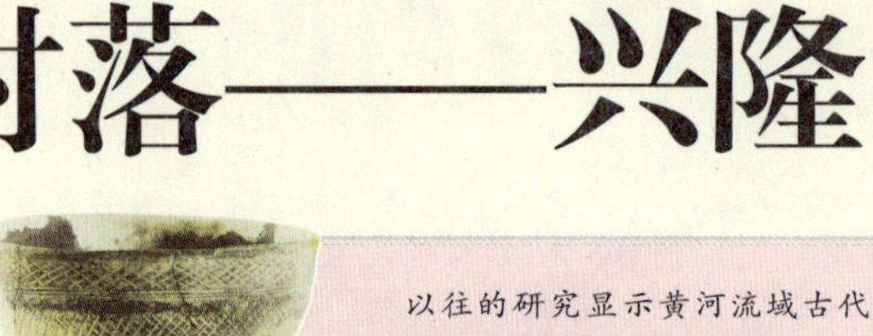

以往的研究显示黄河流域古代文化发达，兴隆洼等大型聚落遗址的发现，表明中国北方地区也存在着早期文化和发达的生产生活设施。

兴隆洼遗址位于内蒙古自治区赤峰市，属于一处重要的史前居住址。以往的考古发现显示黄河流域古代文化发达，被誉为中华文明的摇篮，而兴隆洼大型聚落遗址的发现表明中原以外地区也同样存在着发达的早期文化，从而为中国文明多中心起源的观点增加了新论据。

兴隆洼遗址分布于大凌河支流牤牛河上游右岸东西向的低丘冈地上，地势平缓、水源充足，成为古代人类理想的居住址和生存的首选地。这里是一处保存非常完整的史前环壕聚落遗址，内有房址、墓葬，外有大型壕沟，聚落内遗迹遍布，并出土大量精美器物。遗址年代距今8 000-7 300年，持续了700多年的居住时间。

兴隆洼的聚落形式经历了几个重要的发展阶段，在它的黄金时期曾经营造了极具代表性的村落。这个时期村民们居住的房址均为半地穴式建筑，一般在地上挖一个浅浅的土坑，并对坑壁和坑底进行一定的处理，然后在坑顶部加一些木质或茅草材料做成屋顶来遮风挡雨，这就是所谓的半地穴。由于这些房址有一半深入地下，地表所能露出来的只是一部分，降低了高度，所以在冬季有效地防止了北方风沙的侵袭，同时又在炎炎夏日避免了由于阳光辐射而产生的高温，形成冬暖夏凉的小环境，其原理有些类似于现在黄土高原仍在沿用的窑洞。

兴隆洼聚落遗址

陪葬两头整猪的居室墓葬

兴隆洼的房址平面近圆角方形，有的略呈长方形。地面系将地穴的生土底用工具砸实，形成一个硬面。房址的中央一般有灶，平面呈圆形，个别灶的底部还铺垫石块。屋内的中间及四周墙壁有立木用于支撑屋顶，形成相对开阔、稳固的空间。中原地区半地穴式的房址一般都带有一个斜坡形的门道方便人进出，在兴隆洼村落里，这样的门道却没有发现，这个特点一度曾是未解之谜。后来人们在史书里找到了答案，书中记载东北的少数民族善于筑城穴居，他们的房址外形似土堆，在屋顶上开一个出口，屋内有木梯连接出口以便于人们出入房屋，兴隆洼人们可能也是这种出入方式。

兴隆洼的房址沿西北—东南方向成行分布，井然有序，共有8排，每排10-13座。由于排列整齐，所以在遗址地表留下了一个个成行排列的灰土圈。房址面积一般为每间50-80平方米，相当于现代的一居或两居室大小，最大的两间则并排位于村落的中心部位，面积达140平方米。居住区外侧环绕宽约2米的椭圆形壕沟，直径160-180米，将所有房址都包围在壕沟以内，形成一个非常封闭的聚落，只在西北侧留有出入口，不但用壕沟保护了村落内部的安全，而且用房屋之间的纵横排列区别了聚落内人们的远近亲疏，这样完整的聚落形式是考古发现中不多见的。

除了聚落形式别具一格以外，兴隆洼遗址内的一些特殊习俗也是史前独有的。有的房址内地面上摆放成组的兽头，有的在房址内发现了墓葬。这些墓葬一般一个房址内只埋葬一个，均为长方形土坑竖穴墓，单人葬，仰身直肢，头向朝北，墓内随葬小型器物，有陶、石、玉、骨、蚌器，集中放在墓主的头周围或佩戴在主人身上，在一些随葬品较丰富的墓葬里不但出土了这些物品，而且最为特殊的是在墓主的身旁葬了两头肥猪，一雌一雄，均仰卧放置，占

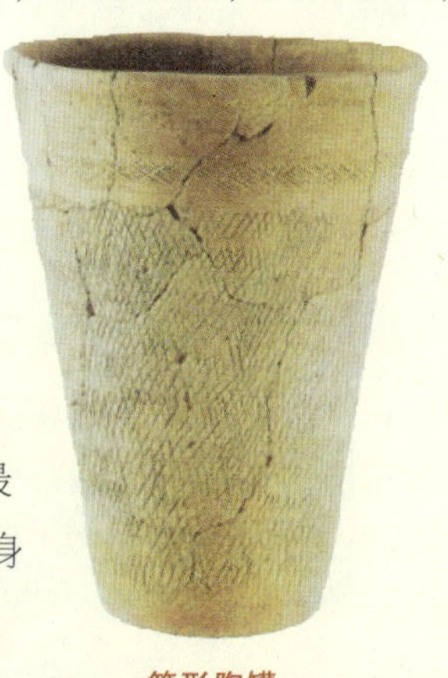

筒形陶罐

据墓穴底部一半的位置。这样的葬俗在国内考古发现中是绝无仅有的。

玉 锛

兴隆洼时代的人们为了生活方便发明了很多与日常生活密切相关的用品，这些物品虽然简单，却非常实用。他们用手捏制成陶器，用泥圈套接的方法接合成形，再加以烧造。由于烧制的火候较低，所以质地疏松，颜色斑驳，很大程度上显示出技术上的原始性。因为水平较低，所以陶器器形比较单一，只能制作直筒罐与平底钵等简单器物，但器表装饰的图案却很有特色，用工具按压出成排的“之”字纹、网格纹或席纹等。

与陶器的原始性相区别，兴隆洼的石器制作却非常成熟，特别善于制作大型打制石器，种类有锄、铲、磨盘和磨棒等，这些工具多数与农业生产有关，可能是农具一类的东西，表明这时农业在兴隆洼人的生活中已经占据了重要的地位。但这时期的生产并不限于农业，遗址中出土的大量鹿、猪、狍、熊、鱼等动物骨头表明，此时渔猎也是人们日常活动之一，兴隆洼人用动物骨骼制成刀、锥、针、匕、鱼镖等工具，制作十分精致，也都经过磨光，骨鱼镖还由小石片嵌于骨梗之内，尤其富有特色。

石农具

遗址内还发现了少量的玉器，器物虽小，但种类却很丰富，有玦、匕、斧、锛和凿等。玉器色泽鲜艳，制作精美，抛光、钻孔等技术成熟，对器物形式的把握准确到位，并且不少玉器没有使用痕迹，可能非实用器，与原始的祭祀活动有关。

兴隆洼遗址是迄今为止我国新石器时代住地遗迹整体保存最好、年代最早的史前聚落遗址，它的多排横列式房址、聚落外围用壕沟环绕的布局形式，既与同时代的聚落有共同点，又具有自身的特色。其聚落中间的大房址建筑规模巨大，工艺水平高，表明了特殊的社会功能，或许是氏族会议的场所，或者可能兼作聚落首长的住所，其地位是十分突出的。室内埋葬的习俗表明了死者生前地位相当特殊，甚至可能被作为原始崇拜的对象。至于整猪同穴并列埋葬的葬俗则表明了人们对于猪的重视，具有图腾崇拜的意义，联系到红山文化大量以“猪龙”为题材的玉器装饰，可以推断兴隆洼文化是红山文化玉器的源头。

史前人类的居住方式

旧石器时代，原始人只能利用天然山洞作为居所。氏族社会以后，生产力有了初步发展，出现人工建筑，分别为南方的干栏式建筑和北方的木骨泥墙房屋，形式有圆形、方形、吕字形以及三至五连间建筑，结构上分地穴、半地穴和地面房屋等，原始社会晚期南北方均出现了初步规划布局的村落。

007 黄土高原上的史前殿堂——秦安大地湾

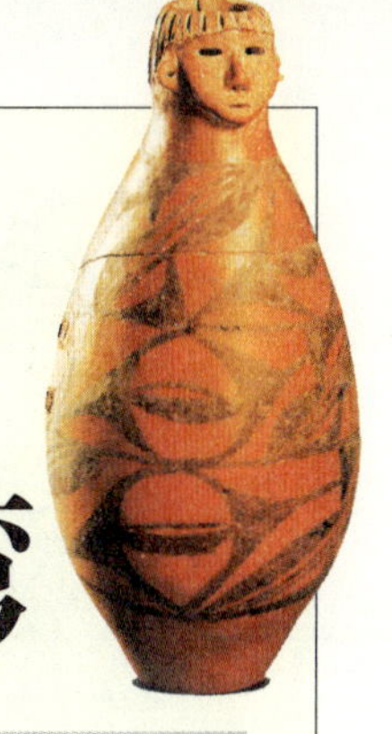

考古发现表明大型房子一般具有特殊的社会功能，代表了某个聚落发达的程度，大地湾就属于这种情况，在中原地区很有代表性。

天水市得名于“天河注水”的美丽传说，位于甘肃省东南部，是“丝绸之路”必经之地。它横跨长江、黄河两大流域区，是甘肃少有的山清水秀之地，素有“西北小江南”的美称。中外驰名的秦安大地湾遗址就诞生在这里，距今7 800–4 800年。

大地湾遗址3 000多年的文化延续分为若干发展阶段，分属于不同时期。早期只有简陋的半地穴式房子，面积仅六七平方米，使用绳纹圜底钵、三足钵、三足罐和圈足碗等简单器物，口沿呈锯齿状的罐和碗很有特色。中期的房子为方形或长方形半地穴式，面积一般20平方米左右，居住面和墙壁皆抹有草拌泥，部分房子涂抹红色。陶器比早期丰富，有直口或敛口的钵、卷沿盆、侈口垂腹罐、葫芦瓶、双唇口和葫芦口的尖底瓶等，以绳纹为主，彩陶花纹繁盛，有宽带彩条、鱼纹、直边三角纹、鸟纹、勾叶纹等图案。晚期房子以平地起建为主，多为长方形，居住面多为白灰面或料礓石面。陶器种类比中期更多，出现具有地方特点的敛口罐、尊形器等，彩陶量少，绳纹较多，附加堆纹尤为盛行。

带盖敞口罐

大地湾遗址之所以引人注目，在于这里是拥有包括农业、制陶、文字、建筑、绘画等多项中国考古之最在内的文化奇迹。农业方面，大地湾遗址有中国最早的旱地农作物，它的碳化黍标本将我国北方旱作农业的起源时间提前了1 000年。制陶技术成熟，彩陶三足钵等是我国迄今为止所发现的时代最早的一批彩陶，将中国彩陶制造的时间提前到近8 000年前，是彩陶的起源地之一。著名的彩陶人头瓶，通高32厘米，瓶口为人头形状的雕塑，脸呈鸭蛋形，塑有清秀的五官、整齐

大地湾大房子 “原始大礼堂”

的刘海儿、微鼓的鼻翼、尖圆的下颌、双耳有穿孔。瓶身以优美的弧线为轮廓，由弧线三角形和柳叶纹组成流畅的图案，绘画精美，动感十足，融造型、雕塑、彩绘等艺术于一体，是我国史前雕塑艺术的代表作品之一。有人以其形象如一个丰满的孕妇推断器物本身还具有祈福等宗教含义。其他有代表性的陶器是成套的彩陶圜底鱼纹盆，其花纹形式按时间顺序依次为写实的鱼纹、抽象的鱼纹和变形的鱼纹等，其中一件陶盆直径达51厘米，是目前国内发现的直径最大的鱼纹盆，它的口沿下有鱼 纹环绕一周，形象逼真，花纹流畅，为同类器物之冠。大地湾陶器上共发现了十几种彩绘符号，有直线也有曲线，形状有竖道、箭头形、X形和植物纹样等，它们可能是中国文字最早的雏形。

弧线网纹彩陶盆

大地湾的房屋建筑遗存不仅规模宏伟，而且形制复杂，被称为中国史前建筑发展史上的一块活化石。这里有距今5 000年的大型建筑，编号F901，被誉为“原始大礼堂”，它是世界上最早用混凝土建造的中国宫殿式建筑，是目前所见我国史前时期面积最大、工艺水平最高的房屋建筑，是一个多间复合式建筑，高度6-7米，总面积420平方米，结构复杂、布局规整、中轴对称、前后呼应、主次分明，开创了后世宫殿式建筑的许多先河。该建筑由前厅、主室、后室、左、右侧室及门前棚廊式建筑等多部分组成。主室的正门朝正南方向，面山背河。房屋结构以中轴线为准左右对称，支撑建筑的所有木柱均以石头作基础，主室8根大柱将空间一分为九，共有142根木柱用以坚固墙体，支撑整座建筑，中心大柱的直径在0.5米左右。更为神奇的是，在面积达130多平方米的主室，地面由一种类似于现代水泥的混凝土铺成。经考证、化验其化学成分、物理性能及其抗压强度等，均相当于当今100号水泥砂浆地面的强度。中国和日本专家一致认为，这种建筑材料是目前世界上最早、最古老的混凝土。此外，在混凝土地面之下，还使用了一种可防潮保暖，坚固地基的类似现代人工合

喇叭口尖底瓶

成轻骨料的建筑材料。这说明混凝土技术已被5 000年前的大地湾人熟练掌握和广泛使用。

与大房址齐名的还有距今5 000年左右、被誉为“盘古开天第一画”的大地湾地画。它被绘制于一座编号为F411的房址白灰地面上，东西长约1.2米，南北宽约1.1米，地画的整幅图案由人物、动物、方框及一个反“丁”字形图案组成。画面上方有三个人，右侧一个形体矮小，模糊不清，左侧与中部的两个人物头部都转向一侧，好似有飘逸的头发，他们的腰部都有一长长的翘起物，可能是尾饰，两个人均用一只手扶着它。中部人像两脚后跟并拢、脚尖分开，左边人像脚跟和脚尖都并在一起。在人物右下方画有一长方形框，框内有两个类似昆虫的形象，生有触角，腹部呈长条形，并由横纹划分为数节，头部不太清楚，类似多足的节肢动物。地画以炭黑为颜料在白灰地上绘制，像似一幅水墨写意人物画，具有一种很古朴的艺术美，并且整个画面充满了神秘的宗教色彩。至于地画的内容一般认为是在表现原始人的舞蹈场景：两个人是猎人，长方形框是一个陷阱，猎人们正在把两只动物赶入陷阱里。也有人认为图画右下方的长方形框表示木棺，里面装着两个呈蛙形屈肢安葬的死者，上面两个人正在跳“丧舞”，甚至有人认为表现的是萨满教的通神仪式。

大地湾地画 “盘古开天第一画”

大地湾遗址的发现震惊世界，但已有的发现以数量而论其实只不过是遗址总面积的百分之一。类似于F901的巨型建筑在遗址的中轴线上还分布有数座，它们结构复杂、面积巨大，应当是当时人们举行祭祀、议事等公共活动的重要场所，有的还可能是部落首领的住所，这些对于解析当时的社会结构无疑具有重要的意义。而大地湾地画是我国目前发现的时代最早的独立存在的绘画实物，是一幅具有宗教礼仪和祖先崇拜意义的作品，将我国绘画史向前推进了2 000多年，堪称中国绘画的鼻祖，它与同时代彩陶器上的绘画和装饰风格迥然不同，在我国新石器时代遗存和史前考古中均极其罕见。大地湾是一个远古文化遗存的巨大宝库，现在只是打开了它的大门，里面还有更多更精彩的文化宝藏吸引着现代人去不断探索。

鱼纹彩陶盆

房屋形式与社会构成

房屋是人类生存的最基本条件之一，也是构成聚落最主要的元素。房屋的形式与社会发展密切相关，除了形状、大小、地上地下、单间多间等基本形式区别外，面积大小和结构形式不同的房屋建筑则往往具有不同的社会功能，在聚落内占据不同的空间位置并与其他功能的房屋建筑联系起来，构成特定的空间组合形式。另外，由单间建筑过渡为多间建筑这一过程通常暗示出社会婚姻制度等方面的巨大变革。

008 中国考古学的发端之地——仰韶村

仰韶村虽然不大，但却世界驰名，因为这里是中国考古的发祥地，上个世纪的20年代近代中国考古在这里挖下了第一铲。

在河南省渑池县城北，有一处三面临水的小村庄，因北望高耸的韶山，故称仰韶。20世纪20年代，仰韶村发生了一件人类文化史上的大事，这就是仰韶遗址的发现。

仰韶早期船形壶

最先揭开仰韶遗址神秘面纱的是瑞典地质和考古学家安特生，1921年，他带领一支发掘队来到仰韶村，寻找中华远古文化的遗存。经过30多天的挖掘，获得了一大批珍贵文物及人骨标本，他撰写了《中华远古之文化》一文，详细报道了仰韶村遗址的发掘成果，并按照考古学的惯例，将这批以彩陶为主要标志的远古文化命名为“仰韶文化”，又称彩陶文化。仰韶文化的发现，揭开了中国考古学研究和原始社会史研究的第一页，中国近代考古学由此开端，仰韶村也从此驰名中外，成为史学界、考古学界向往的古文化圣地。

新中国成立以后，仰韶遗址又先后进行了两次发掘，再次获得了大批文化遗存，澄清了遗址的文化内涵，同时修正了安特生的一些错误认识，为研究中国史前社会发展历史提供了丰富的实物资料。研究表明，仰韶遗址长900余米、宽300余米，面积约30万平方米。

仰韶遗址所代表的仰韶文化年代距今约7 000–5 000年，属于新石器时代的中期，是黄河流域势力最为强大的史前文化，也是中国同时期各类新石器文化中分布范围最广泛的一支，共发现遗址1 000多处，主要分布区以陕、晋、豫为中心，西达河西走廊，东至鲁西，北达冀中和内蒙古河套一带，南至汉水流域。

以仰韶村等重要遗址的发掘为基础，综合地域和时代所造成的文化面貌上的差异，可以将仰韶文化分为三个主要地

仰韶中期彩陶盆

遗址纵剖面 灰色部分为灰烬堆积层

区、七种类型、三个发展阶段。其中黄河中游的黄土高原是仰韶文化的发展中心，可分为北首岭、半坡、庙底沟和西王村等类型，代表了这一地区仰韶文化发展的全过程；在豫中地区可分为庙底沟、大河村类型；在豫北冀南一带，则可分为后冈、大司空类型。各类型之间在文化面貌上各自有地域特色。

仰韶文化向人们展现了中国母系氏族由繁荣至衰落时期的社会结构和文化成就。当时人们过着定居生活，有比较稳定的村落。人们从事锄耕农业生产，种植粟、黍、稻谷等作物，饲养猪、狗、羊和马等家畜，采集榛子、栗子、松子和朴树子等果实及水生物等。彩陶盆内多见鱼纹和网纹等形象，是当时渔猎活动的真实写照。

仰韶文化的房子有圆形和方形半地穴式、圆形和方形地面式，晚期还出现了方形地面连间式，始终以半地穴式房子最为流行。屋内正对门向的中心设一火塘，有些灶坑内嵌有保存火种的夹砂陶罐。有的在门内两侧筑有低矮的小墙，有的在门道与居室之间有浅方坑形的门坎。屋内居住面和壁面都涂抹草拌泥土并修整得光滑平整，部分经过烘烤，十分坚硬。圆形房屋周壁墙中有密集的壁柱，室内中间有多根主柱以支撑屋顶，复原起来似现在的蒙古包形式。方形房子结构与圆形房子大体相同，也在坑壁和室内挖有柱洞，复原起来呈四角攒尖的方锥体。

埋葬制度多样，有单人葬、多人葬、单人一次葬和集体二次葬，葬式有仰身直肢葬、俯身葬、屈肢葬，个别的实行同性合葬，还有瓮棺葬形式。成人都有成片的公共墓地，同一氏族的成员比较集中地埋葬在一起，随葬品一般比较平均，看不出太明显的贫富差别。儿童瓮棺则成群或零星地分布在居住区的房屋旁边，以瓮、罐、钵、盆为葬具。

仰韶文化的制陶技术已相当成熟，最能代表当时的工艺水平。仰韶人有专门烧陶的窑场，有横穴窑和竖穴窑两种形式。陶窑由火膛、火道、窑箅和窑室等部分组成，陶坯置于窑室底部多孔的窑箅之上，火焰经过底部的火道、火孔进入窑室，烧造出精美的红陶。一般都用泥条盘筑法制成，普遍采用慢轮进行修整，虽然以手工方法制成，但器形规整、色泽光润、构思巧妙。在陶器表面还施加各种纹饰，其中装饰作用最强的是彩陶花纹，这是当时最有成就的一种原始艺术。仰韶文化的彩陶纹饰构图精巧合理，与优美的器物造型相结合，达到了相当完美的境地，成为

指甲纹小口壶

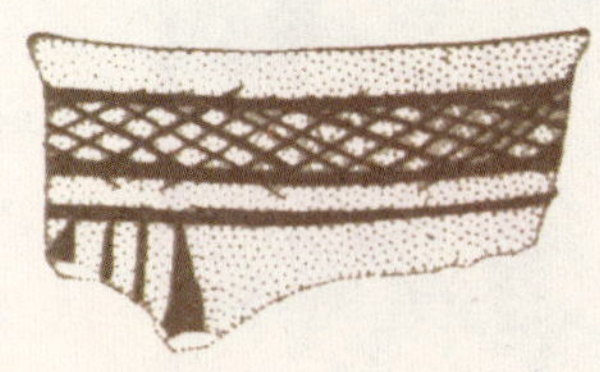

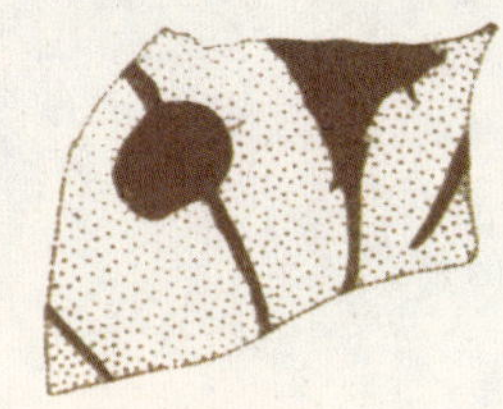

安特生在仰韶村发现的彩陶片

中国原始艺术创作的范例。半坡类型的彩陶纹饰，以红地黑花为主，也有原地红花或加白衣饰黑、红两色花的，主要有人面形纹、鱼纹、鹿纹等动物形象和象征草木、谷物的植物花纹。神话化的人面纹图像，头上和嘴角都有化妆式的装饰，似含有某种巫觋性质。鱼纹占主导地位，数量多、变化大、形象也逼真，其组合有单体和复体两种形式，不少图案是两条以上的鱼纹相重叠或相连形成一组纹饰，非常生动。庙底沟类型的彩陶纹饰进入了成熟发展期，以弧线、弧边三角、曲线、圆点和半圆形、鸟纹装饰等元素，采用二方连续的装饰方法，构成整组花纹环绕器壁，显得绚丽多彩，还出现了多彩纹饰，白地或红地白边，紫红彩、白彩相间，更显得富丽堂皇。

鹳鱼石斧红陶缸

仰韶文化还有一定数量的刻画符号，目前主要发现在圜底钵口沿的黑彩宽带纹上，有50多种。这些符号多是在陶器烧成后刻画上去的，最多的是一道竖划，其次是二道竖划、X形、Z形、正钩形、倒钩形、T字形等形状，也有的像植物形，还有其他多种形式。一般认为是起源阶段的简单文字或者是具有文字性质的符号。

在长达2 000多年的历史行程中，仰韶文化不断吸收周边文化因素，又给周围文化以不同程度的影响，逐渐形成为中华民族原始文化的核心部分，共同为中华民族文化机体的形成创造了条件。仰韶遗址的发掘，以无可辩驳的事实证明了中国的远古文化，在撩开史前文化面纱、触摸中华文明起源的同时，也拉开了中国田野考古的序幕，在当时起到了科学认识本民族发展历史，增强民族自豪感自信心的作用，同时也让外国人更好地了解中国在历史上创造的辉煌，它一经发现，立刻成为中国历史发展的标志，为中国考古学研究的进一步开展奠定了基础。

考古学主要分期

按时代基本可分为史前与历史两大时期，历史时期可以王朝为标志，史前则多以考古学文化来表示。在黄河流域一般可分为前仰韶、仰韶、龙山三个大的发展阶段，每个阶段下再细分为具体的文化或类型。如关中地区考古学文化发展过程大体为老官台文化(前仰韶)——半坡文化(仰韶早期)——庙底沟文化(仰韶中期)——半坡晚期(仰韶晚期)——庙底沟二期文化(过渡期)——客省庄文化(龙山)的链条形式。

009 古代氏族社会的浪漫生活画卷——姜寨

姜寨的重大价值在于揭露了一处完整的史前村落，真实展现了古人当时的生产生活情况，是考古中不多见的。

姜寨，位于陕西省临潼县城北，周围骊山环抱，渭河古河道及其支流临河分别从附近流过，是一个依山傍水的小村庄。它是一处被全部揭露出来的史前村落，从而以实景的形式向人们展示了古代人渔猎耕作的生动场面，实现了现代人直观了解古代社会真实生活面貌的夙愿。

姜寨村落分为居住区、烧陶窑场和墓地三个组成部分，主要生活设施有房址、窖穴、围栏、牲畜夜宿场、广场、道路、窑场及壕沟等。居住区位于村落中央，是聚落的主体和核心，平面轮廓呈椭圆形，面积近2万平方米。村落的外围有人工挖成的壕沟。墓地位于居住区东侧，窑场则分布于西侧临河岸边。

人面鱼纹彩陶盆

壕沟平面呈椭圆形，处于村落的最外围，它像一条锁链把全部房址都纳入在村落范围之内，也将村落与其他地区划分开来。由于西南部紧靠着临河河道，所以在那里并未专门再挖制人工壕沟，而是借助天然河道起到壕沟的作用将村落保护起来。整个聚落的正门就位于西南部，直达河边，这样既便于牲畜饮水又适应了人们生产生活的需要。除了正门以外，在壕沟的东部还有一南一北两个出入口，门口各设门房一个，是整个村落东边的门户。出入口以外不远即为墓地，更远处则是茂密的丛林，所以这些出口的设立应是供平时祭祀、出猎、丧事、耕作的用途。村落的西北侧被后代的人类活动破坏掉了，但从村落的总

村落复原模拟图

墓中随葬的成套生活用品及装饰品

坑，四周有柱洞。在保存较好的房子内生产工具、生活用品齐全，还有粮食储存，生活设施应有尽有。在房子外侧附近，分布数量众多的储物窖穴，并且在一些房屋附近，还散布着儿童的瓮棺葬。

村落中部除了大面积的空地广场外，还有两处圆形的牲畜夜宿场，是为了安置村落内的动物而修建的，每处至少可以存放几百头牲畜，另外在北部的居住区内也有简易的围栏设施用于饲养动物。

窑场在村西临河岸边，这里临近水源，掘土、取水、加工以及烧造都比较方便。

村东越过壕沟即为墓葬区，由南至北分布着3片墓地。北部的一片较远，南部的两片基本就在壕沟附近。这些墓集中分布，错落有致，显然是经过规划的公共墓地，用于埋葬村落中死去的村民。墓葬为土坑墓，主要为单人仰身直肢一次葬，也见部分单人或数人二次葬，死者多数头向西，普遍有数量不多的随葬品，比较平均，只是

体布局上分析，这里也应该还有另外的出入口，以方便村落西侧人们的出行。

居住区内有中心广场，面积约4 000平方米，表面保留有明显的踩踏痕迹，还有由料礓石铺垫而成的两条道路，分别通向村落的西北和东南。广场的周围分布着100多座房子，分为5个相对集中的居住群。每个建筑群内均以一座大房子为主体，周围包括一二十座中、小型房屋，这些房子的门均朝向中心广场。

房子平面呈方形或圆形，分大、中、小型三种，有地穴、半地穴及地面建筑三类。大型房址都是方形的，有半地穴式及地面式建筑，面积在80平方米左右，一般都有门道，门内设一个大型深穴连通灶坑。灶坑两侧至墙边还筑有低平的方形土台，是用于睡眠的土床，至少可容纳二三十人住宿。中、小型房子面积一般为20平方米左右，有圆形与方形两种，地表多为泥土面，构造简单，少数居住面用草泥涂抹并经火烧。房屋中央都有一个灶面或浅穴灶

绘图工具

陶塑蛙

个别墓中有大量的骨珠串饰和绿松石坠饰随葬。此外还有大量儿童瓮棺葬，葬具通常是夹砂红陶瓮上扣一个陶钵或盆，少量以罐、钵等器物作为葬具。

由于有自己村落的窑场，所以这里的陶器数量特别多，而且造形各异，有钵、盆、罐、碗、尖底瓶、瓮等，以满足生活中不同的用途，钵、碗等小器物是用餐时使用，罐、瓮等大容器则用于储存食品，尖底瓶小口尖底，形式奇特，它在姜寨人生活中可是起到至关重要的作用，人们每天都要用它从河中汲水，再背回村落里使用，在历史上延用了数千年。姜寨人还花费大量的时间和精力来打扮自己的陶器。这里曾经出土了中国最早的一套绘画工具，有石砚、砚盖、磨棒、陶杯及数块颜料。当时的人们就是用这样简单的工具和颜料绘制出精美的彩陶花纹，装饰在陶器身上。自然界中可以观察到的各种感兴趣的事物都成为人们描绘的对象，小鸟、小鱼、小虫、青蛙、渔网、人脸，这些看似普通的图案都活灵活现地展现于陶器之上，成为远古文化中不可多得的珍品。

姜寨的村落是仰韶文化半坡类型时期成熟社区的表现，距今6 600年，沿用了200多年的时间。它有共同而且完整的村落范围，也有布局规整、分工明确的房屋建筑，更有功能齐全、分配合理的生活设施，村落内的房屋分为明显的组群，小房围绕大房而建，门均朝向中心广场，墓地成片分布，这些特征显示这里是一处典型的母系氏族社会，到处充满了和谐静谧的繁荣气氛，是一幅生动形象的古代氏族社会浪漫生活画卷。生活在这里的人们，每日青山绿水为伴，时时倾听到鸟儿的欢声，闲时到河里捉些小鱼，或者到附近的丛林中采集山珍野果，到山上捕猎美味的动物，吃不完还可以圈养起来，这样就会衣食无忧。我们甚至能够听到他们愉快的歌唱，连围栏里的动物也发出哞哞的叫声。大家定期在大房子里聚会，讨论村中事务。每逢重大节日，全村人聚集在中心广场，燃起通红的篝火，跳起欢快的舞蹈，举行仪式或者庆祝丰收，共同表达对美好生活的憧憬。

蛙纹鱼影彩陶盆

聚落考古

聚落是指一群人在一定的历史时期内聚居在一起而形成的村落。聚落考古作为考古学研究的一种方法，就是研究聚落单位内部不同功能的遗存分布，及其所表现的人地关系和人际关系等内容。

010 华夏族名称之源
——庙底沟彩陶花纹

华夏之名从何而来，以往是借助传说故事，河南庙底沟遗址出土大量黑彩弧线构成的花叶形图案，贯穿于整个文化的发展过程，与古史传说十分相合，因此从考古学方面印证了这里就是华夏族发源地。

中国古代称“华夏”，汉族也曾自称“华夏族”，此外，中华、华山、华县、华表等，我们日常生活中可以遇到很多与“华”有关的词语。中国人为什么喜欢用“华”来表述事物，甚至指代自己？长期以来，不断有人从历史学、民族学和民间传说中寻求解释，但总是难以尽如人意，直到庙底沟遗址的揭露，人们才终于从考古学中找到满意的答案。

庙底沟房子　上　外部示意图
　　　　　　下　内部示意图

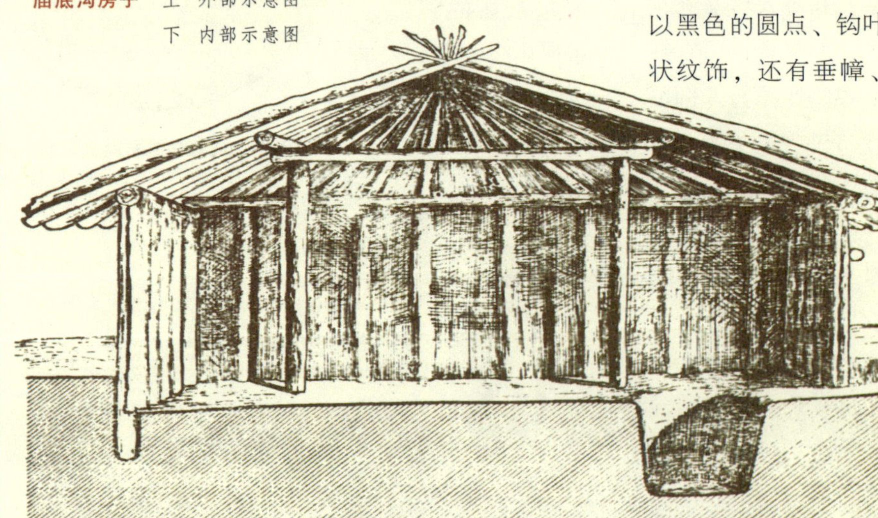

庙底沟位于河南省陕县境内，是中国黄河中游地区一处重要的新石器遗址，由此确立了仰韶文化庙底沟类型，年代距今6 000年左右。庙底沟遗址之所以重要除了因为在这里发现了仰韶文化向龙山文化过渡的证据，展示了新石器晚期文化之间的传承关系外，更因为它扑面而来的花团锦簇般的陶器装饰特色。

庙底沟遗址有制作考究的方形半地穴式房子，并出土有制作彩陶的磨石及颜料块。遗存中绝大多数为陶器，而陶器中又有90%为红陶，器类有曲腹的钵和盆、小口的尖底瓶和平底瓶、夹砂罐、圜底釜、灶等。装饰于器物表面的纹饰就是精美的彩陶花纹，除了少量蛙纹和鸟纹外，大量的是以黑色的圆点、钩叶、弧边三角及曲线组成的带状纹饰，还有垂幛、豆荚、花瓣、网格等纹样，有的还带有红、白底色。由于图案母纹都属于曲线元素，因此构成的完整纹饰也是以柔美为基本特征，有行云流水、滚滚而来、无穷无尽的意境。彩陶花纹发现以后，人们努力尝试用各种恰当的词语来表述它：弧边三角纹、回旋勾连纹、凸弧纹……可每一种命名似乎都不能很准确地概括这些纹饰，无法完全展示这些纹饰的构成特色。最后，人们终于看出那些所谓的黑彩三角、勾连纹和凸弧纹等其实不过是“绿叶”，真正的“红花”却是它们之间所围成的一片片空白区域，这些区域在一瞬间突然魔术般地变成了一支支争相绽放的绚丽花朵：红地的是红花、白衣的是白花、纯洁的花瓣、整齐的花蕊、重重叠叠、相互交织、掩映于黑彩的绿叶之间，共同簇拥着通体磨光的盆、罐器物。于是人们恍然大悟，原来所有精心绘制的彩色都是在为形成最终的花朵做准备，无论黑彩形式怎样变化多端，其实都是花朵以外的陪衬，花朵才是核心、是灵魂、是庙底沟人心中的梦想！

红陶釜、灶

庙底沟人是如此的爱花，以至于与他们日常生活密切相关的陶器上几乎除了花朵形的装饰以外，其他的图像极其罕见，可以看出花不但统一了陶器、统一了艺术，而且也统一了人们的思想，人们似乎已经忘却了花以外的其他事物，一门心思就是想着怎么能够变着法地将心中喜爱的各种花朵艺术地表现在自己喜欢的生活用具上，从而能够朝思暮想、日夜相伴、直至死后也要带在自己的身旁，永远不分开。花在庙底沟人的生活中已经不是一般意义的寻常花朵，而应是一种寄托、一种标志，甚至是一种崇拜，是庙底沟人的精神支柱。花本来是自然界常见的，可是在庙底沟人心中自然的花被赋予了特殊的社会概念。

花的艺术水平与精神魅力如此巨大，不是单独一个庙底沟遗址所能够辐射完成的。庙底沟遗址发现以后，又有大批的同类遗址被发掘出来，也使庙底沟的文化面貌越来越清晰。考古发现证明，庙底沟类型的影响力在中国新石器时代要超越与之同时、或早、或晚的任何一种考古学文化，空前绝后、一统天下，它的分布区北达内蒙古南部、西到甘肃陇东一带、南及汉水流域、东越河南中部，它的文化因素的传播则更远达数百、上千里之外。正因为庙底沟类型有着这样的影响力，所以现代人都情不自禁地要把它与古史传说中的英雄时代拉近，伏羲、女娲、黄帝、炎帝等，还有人将

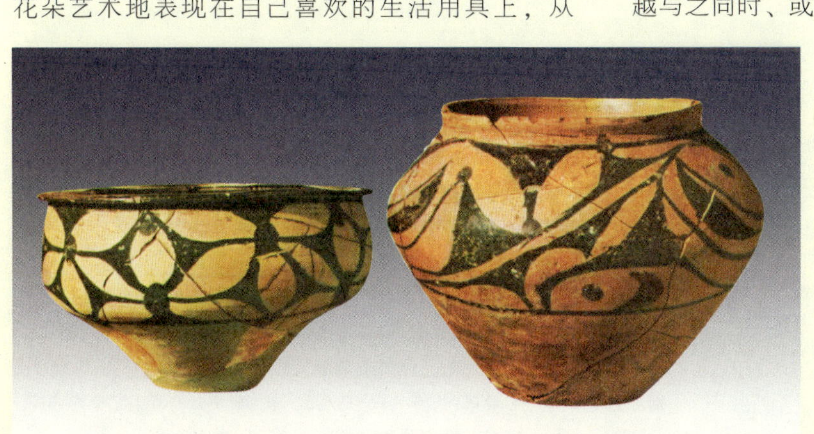

彩陶罐

石磨盘和颜料块

其与文献记载中的华胥古国联系起来，凡此种种，不胜枚举，反映出今人迫切想要将这种英雄的历史归功于英雄人物创造的复杂思绪。

在中国古汉语里，“花”与“华（華）”是同一个字，本义都是指花。仔细品味庙底沟人的花卉大观园，虽然千姿百态，但也有自己最爱的两个种类，一种是卷曲的玫瑰形，另一种是盘状的菊科形式，以前者最为显著。玫瑰的花季是春季，预告春耕，菊科的花季在秋季，预告收获，庙底沟人选取与其生活最密切的花朵作为装饰，要表达的则是对美好生活的强烈渴望。可以想象在庙底沟人的周围，房前屋后、聚落内外、从村边到河边、从平原到山冈，必定生长着漫山遍野的鲜花，庙底沟人在享受这种美好生活的同时，还不忘以花来命名身边的许多事物：盛开鲜花的群山称为“花山”，自己的部族称为“花族”，对自己的称呼也就成了“花人”，这些名称经过数千年的演变，最后就变成了今天的华山、华县、华阴、华族、华人等称谓。

华山可能是华族最初所居之地，它的得名源自其百花繁盛，因此考古学家指出：庙底沟类型的分布中心必在华山附近，这正和传说里华族的发生及其最初形成阶段的活动与分布情形非常相像，所以仰韶文化庙底沟类型，就是形成华族核心的人们的遗存，它的花卉图案彩陶可能就是华族之名由来的依据，而“华山玫瑰”也成了庙底沟类型彩陶图案及庙底沟类型本身的最贴切指代。至于华族与华夏族的关系，有人认为是华族与夏族融合以后的合称并沿用下来的称谓，也有人说是华族历史演进中逐渐形成的不同阶段的名称等。可见“花”与“华”由史前时期开始就形成了超乎人想象的复杂关系并在悠远的历史长河中不断得到巩固和发展。

人类爱花是共性，但爱花爱到庙底沟人这样的程度，是绝无仅有的，称中国人为华人是再恰当不过了，有其历史的必然。庙底沟是首个被揭露出来的典型遗址，填补了中国史前文化研究的诸多空白，找到了解开长期以来困扰人们关于华夏族由来诸多疑问的金钥匙，学术意义重大。它以崭新的文化面貌刷新了人们的视线，也透射出许多不为人知的历史奥秘，吸引着今人不断探求关于远古人类生产生活情况的细节，从而丰富了整个人类社会的文化。

彩陶花纹展开图

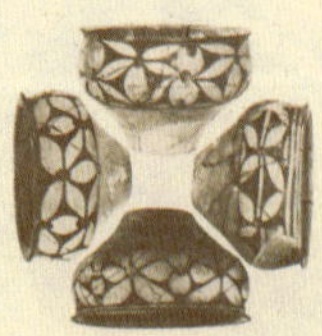
菊花纹彩陶

史前陶器装饰艺术

陶器装饰艺术伴随劳动而产生，可能是受到带有绳索的制陶工具修整器表时留下痕迹的启发。通过装饰可以起到美化陶器的目的，主要手法有压印、贴塑、刻画、雕镂、施彩等。种类有绳纹、几何纹、篮纹、席纹、菱形纹、网格纹等。彩陶是新石器时代装饰艺术的代表，纹饰多为漩涡纹、水波纹、圆圈纹、动、植物纹样等，是人类将观察到的自然景象在艺术创作中再现的结果。

011 泰山脚下的古代民族——大汶口文化

大汶口墓地全面展现了山东地区史前文化的特点与核心内容，它精致的遗物与富有个性的地方习俗，为探讨东方民族的起源与发展提供了证据。

巍巍泰山，五岳独尊，悠悠汶水，源远流长——这几句山水感怀比较贴切地道出了泰山与大汶河在自然和历史文化中的突出地位。这两者之所以被相提并论，缘于泰山南部、大汶河畔著名的大汶口遗址以及曾经遍布今天山东境内、辐射豫、皖、苏三省的大汶口文化。

大汶口文化距今6 000年左右，属新石器时代晚期，是山东龙山文化的前身。作为一支势力强大的新石器文化代表，大汶口文化有自己的文化专利，它有一批特点鲜明的精美陶器、发达的手工业加工技术以及区别于其他地区的奇特习俗。

陶器是大汶口文化内涵的主要标志物，除常见的红、灰、黑陶外，还有白陶，非常与众不同。陶器上经常饰镂孔、划纹、鼻钮等，并有绚丽的彩陶和简单的朱绘陶。可能是为了适应生活中的实际需要或者遵循某些历史传统，这里的三足器、圈足器非常发达，多见各种形式的鼎和鬶——釜形鼎、钵形鼎、罐形鼎、实足鬶、袋足鬶，在大汶口人的理想中似乎要把所有器物都装上腿(足)，这种现象成为该文化的一种特色。此外，漏缸、豆、背壶、觚形杯、大口尊等也带有浓厚的地域性特征，与鼎、鬶等共同构成了大汶口文化完整的陶器群体。

大汶口文化的手工业非常发达，这时期显然出现了专业的工匠。从陶制的日常生活器皿到生产用的工具，直到显然非实用器的各种原始礼制用品，都从大汶口人灵巧的双手中创造出来，其技术的精湛程度一点也不逊于后世。大汶口人在陶器制作过程中开始使用轮制技术，这时所烧制的薄胎磨光黑陶高柄杯，代表了这一时期制陶工艺的最高水平，被后来的山东龙山文化继承并发展，制造出精美绝伦的蛋壳黑陶，令世人惊叹不

连排房子

彩陶豆

象牙梳、花瓣纹象牙筒和镶嵌绿松石骨雕筒等，都代表着中国新石器时代制骨工艺的最高水平。

大汶口文化的居民有一些独特的习俗。原始人中盛行枕骨人工变形和青春期拔齿习俗，一般拔除一对上颌侧门齿。他们平时嘴里还喜欢含着小石球或小陶球，每天在嘴里滚来滚去，由于长期含着这些小物件，所以有些人的臼齿外侧已经严重磨损甚至内缩，颌骨也跟着异常变形，不但模样奇特而且充满神秘感。此外，死者随葬獐牙、獐牙钩形器及龟甲等物品，在其他新石器文化中非常少见。

大汶口人的经济以原始农业为主，主要种植粟。在遗址内窖穴形式的粮仓中出土了成立方米的腐朽粟粒，表明这时粮食已有了相当可观的产量。大汶口人也有石器制作的工具，铲、斧、刀、锛、凿等器具数量众多，另外还有骨镰、蚌镰以及加工谷物的石杵和石磨棒等。其中的有肩石铲、有段石锛、石镐头和鹿角锄等工具标志农业生产规模化程度提高。大汶口人的家畜饲养也比较发达，遗址里出土猪、狗、牛、鸡等家畜家禽的骨骼，而且用猪下颌骨、猪头、半只猪甚至整猪随葬的风俗非常盛行，墓地中用猪随葬的墓占三分之一以上，随葬猪下颌骨最多的达30多个，一方面说明这时猪的饲养已十分普遍，同时也表明大汶口人

已。大汶口文化还有仿动物造型的陶器，反映出工艺技术的纯熟和制陶业的兴旺发达，如猪、狗和龟形的容器，其中的兽形提梁鬶堪称工艺美术史上的珍品。

大汶口文化的玉石制作业也比较发达，较多地使用穿孔技术，通常选用高硬度的蛋白石、流纹岩等石料，石器造型规整，器类丰富，在一些墓中常见随葬成套的大、中、小型石器，还出现了精致的玉质工具及大量的玉、石装饰品等。

大汶口人的制骨工艺十分出色。墓中经常出土精巧的小件骨雕品，如雕花骨珠、猪头纹样的牙质饰物、器柄刻有纤细花纹的獐牙钩形器等，剔地透雕技术和镶嵌技术比较成熟，其中的透雕

白陶鬶

对猪情有独钟，生前死后都离不开猪的陪伴，有很强的宗教意义。大汶口人也捕食大量的獐、斑鹿、狸和麋鹿等野味，还有扬子鳄、鱼、龟、鳖、蚌等大量水生动物。

大汶口文化的聚落发展得比较成熟，除了简陋的小型单间建筑外，也能建造规模宏大的连排多间建筑。在大型聚落里，外有围壕环绕，宽二三十米，深五六米。聚落内部广场、房址、兽坑、祭祀坑等密布。房址均围绕遗址中心而建，以2间、4间或5间为一排分列。房址为浅地穴式，由主墙、隔墙、门、居住面、室内平台和室内柱构成，一般面积为10平方米，大者近30平方米。墙体为木骨泥墙，与地面同时经烧烤，墙面光滑，有的抹有一层白灰面。门向朝南，设有单门或双门。

彩陶背壶

大汶口文化墓葬多为土坑墓，少数墓圹不清。墓地往往沿用很久，有的地区墓葬层层叠压近十层，年代至少在千年上下。墓的规模、葬具、随葬品方面显示出贫富差别，有的墓简陋狭小，随葬品很少或空无一物，而有的墓却十分宽大，有结构复杂的葬具，死者佩戴精致的玉石饰物，随葬玉铲、象牙器和百余件精美陶器，还有兽骨、猪头和可能是“鳄鱼皮鼓”残留下来的成堆鳄鱼鳞板。葬式一般为单人仰身直肢，也有俯身葬、屈肢葬和二次葬。还发现有折头葬，死者系骨盆内有胎儿骨殖的女性，像是因难产而死的孕妇。还有把死者双臂双腿盘折于胸前的葬式，可能是对凶死者的处理方法。还有一些大墓无墓主、墓主身首分离或尸体无头部却随葬品相当丰富，可能是对在部落战争中为本氏族利益牺牲的首领或成员的一种厚葬。合葬墓分一次合葬和多人二次合葬墓两种形式，多为同性合葬，最多的合葬人数

兽形提梁鬶

鸟形陶鬶

多达20多人。

大汶口文化早期贫富分化不十分明显，有多人合葬墓，氏族成员之间血缘关系纽带比较牢固，大致处于母系氏族社会末期，到了晚期，手工业脱离农业而独立发展，出现明显的贫富差距，私有制也逐渐形成，父权制已确立，完全进入父系氏族社会。它的发现及其与山东龙山文化传承关系的确定，证明当时山东、苏北一带，是一个以大汶口文化、山东龙山文化为主体的自成系统的文化区，是中国古代文明多元中心起源中的一元。

象牙梳

二次葬

二次葬，又称迁葬，是原始社会时期的一种葬俗。即人死以后先放置一个地方或是用土暂时掩埋，待尸体腐烂以后，再将骨骼迁到另一个地方举行正式埋葬。中国新石器时代二次葬非常流行，在各地许多遗址中都有发现，一般可分为单人二次葬和多人二次合葬，有的用瓮棺作葬具，有的只有土坑。这种习俗在中国的部分少数民族中仍有保留。

012 古代居民的空中楼阁——河姆渡干栏式建筑

干栏式建筑是江南水乡地区特有的建筑形式，既富地方特色，又显示了精湛的工艺水平，集建筑与美于一身，十分难得。

河姆渡文化是长江下游地区的新石器文化，因浙江余姚河姆渡村而得名，距今7 000-5 300年。河姆渡村位于风景如画的宁绍平原，杭州湾南侧，四明山北麓，流经平原的姚江把村庄一分为二，主要的考古发现也集中在江畔一带。

凤鸟形象牙雕匕状器

河姆渡遗址的重要发现非常丰富，有房屋、水井、农具、稻种和大量原始艺术品等，其中最著名的是干栏式建筑。干栏式建筑是一种下部架空的住宅，主要为防潮湿而建，是江南地区的特色建筑形式之一。它的屋顶是长脊短檐式的，以适应多雨地区的需要，建筑底部不是房基，而是许多成排埋在地里的竖立木桩，木桩顶部用横梁连接，构成高出地面的木质底架，在底架上铺设木板形成平面，再于木板上构屋建房。河姆渡文化中干栏式建筑已非常盛行，技术也相当成熟，所以留下遗物甚多。遗址中发现了与建筑有关的圆桩、方桩、板桩、梁、柱、木板等木构件数千件，其中不少构件的端部带有榫头与卯孔等结构，有的还相当复杂，如双层榫头、燕尾榫、企口板等，表现了建筑材料之间接合方式的新奇创意。最完整的一座干栏式长屋，桩木有200多根，整齐的排列成互相平行的4行，长约23米，宽约7米，室内面积在160平方米以上。建筑的室内可分隔成若干小房间，并且带有廊道等设施，显然不是一般的房屋，不是公共住宅，就是氏族举行大型活动的场所。这样的干栏式建筑，河姆渡遗址内还有好多处，形式、大小各不相同，往往是集中在一起连成片状，有明显的布局，呈现聚居的状态。在建筑遗迹范围内，还出土有芦席残片、陶片以及人们食用后丢弃的大量植物皮壳、动物碎骨等，证明人们在这些建筑里居住生活的时间相当长久。

在河姆渡遗址出土了最早的木质结构水井，井口呈方形，边长约2米，井内紧靠四壁栽立几十根排桩，内侧用一个榫卯套接而成的水平方框支顶，以防倾倒。排桩上端平放长圆木，构成井口的框架。井口外围有28根栅栏桩，排列成一个直径约6米的圆圈，井内发现有平面略呈辐射状的小长圆木和芦席残片等，这些是与井上建筑有关的材料，由此可见井上还应当有井亭建筑。

陶釜

稻谷纹陶钵

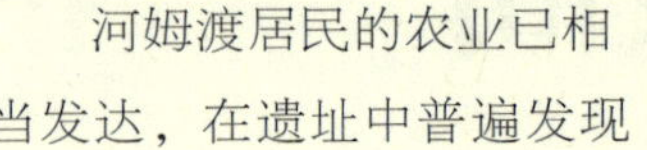

河姆渡居民的农业已相当发达，在遗址中普遍发现有稻作遗存，主要栽培晚稻型籼稻。有的地方稻谷、稻壳、茎叶等交互混杂，形成1米多厚的堆积层，据资料统计总量达到150吨之多。由于长期埋藏于土壤之内，与空气隔绝，遗物出土时色泽光润、外形完整、有的稻壳上隆脉、稃毛仍然非常清晰。稻类遗存数量之多，保存之完好，都是中国新石器时代考古史上罕见的。在一件陶盆上还印有稻穗的图案，弯弯的稻穗使人能够想象出河姆渡时期的人们对于水稻有多么深的情结，连制作陶器时也没有忘了将它们的形象刻画上去。为了更好的耕作，河姆渡人发明了很多农具，其中最具代表性的是骨耜，仅在河姆渡一处就出土了上百件。它们采用鹿、水牛等动物的肩胛骨加工

干栏式建筑遗迹

骨耜

制成，肩臼处一般穿凿横向的孔，或者是将肩臼部分修磨成半月形，在耜冠正面中部刻挖竖槽并在两侧各凿一孔。柄用分杈的树枝和鹿角加工而成，呈曲尺形，杈头部分砍削出榫状的捆扎面，下端嵌入槽内，横孔里穿绕多圈藤条以缚紧，顶端作成丁字形或透雕三角形捉手孔。这些农具的发现表明，河姆渡人的耜耕农业是非常先进的耕作形态。

芦苇编结物

农业生活以外，河姆渡人还兼营采集、畜牧和渔猎。遗址中出土许多植物遗存，如橡子、菱角、桃子、酸枣、葫芦、薏仁米、菌米与藻类植物遗存，都是人们从自然界中采集回来食用的。这时期已有家畜，主要有猪、狗、牛，破碎的猪骨和牙齿到处可见，并有较多的水牛骨头。野生动物骨骼有哺乳类、鸟类、爬行类、鱼类和软体动物共40多种。绝大多数是鹿科动物，仅鹿角就发现400多件。鸟、鱼、龟、鳖遗骨数量也不少。还发现有极少的亚洲象、苏门犀等温热带动物遗骸。发现数量较多的骨哨，可能是狩猎时用以诱捕动物。大量骨镞和鱼骨表明渔猎活动在人们的生活中也很重要。

河姆渡遗址内出土了大量夹碳黑陶，无论炊器和饮食容器都属这种陶质。陶器的胎泥纯净，但以大量的稻壳及稻茎、叶碎末为掺和料。工艺技术比较原始，器物均为手制，不甚规整，胎质比较粗厚疏松，重量较轻，吸水性强。盛行在釜类腹底交错拍印绳纹，陶器的宽边口沿上常刻画

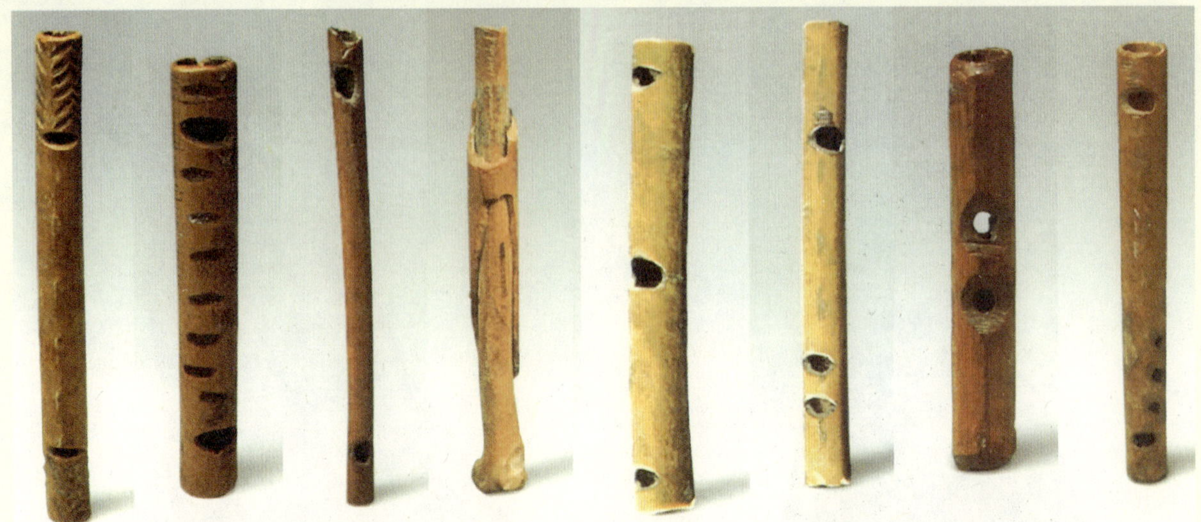

骨 哨

平行条纹、波浪、圆圈、叶形、谷穗状等几何图样，器形多为平底器和圜底器，代表性器物有釜、罐、带把钵、支脚、宽沿浅盘、垂囊式盉等。与支脚配合使用的陶釜，始终是河姆渡人的主要炊器。

原始艺术中也有不少精品，象牙制品中有刻画双鸟朝阳图像的蝶形器、凤鸟形匕状器、雕刻编织纹与蚕纹的小盅等，显示了当时的精湛技艺。木器中有瓜棱状敛口圈足木碗，外表有一层朱红色生漆涂料，虽历经几千载，仍微显光泽，是中国迄今最早的漆器。此外，还有憨态可掬的陶猪雕塑、刻画于陶钵上的猪纹和稻穗纹等图像，表现了河姆渡人乐观的心态。

漆木碗

河姆渡遗址的发现，是中国考古学的重大突破。大量干栏式建筑和人工栽培稻谷及农具的发现不但显示了河姆渡人稳固的定居生活与先进的农耕技术，而且以最具说服力的实物标本表明长江流域史前文化的繁荣，它的发现对于探讨中国水稻栽培的起源及其在世界稻作农业史上的地位，具有重要的意义。

史前农具

新石器时代农具以石器为主，辅以木、骨、角、蚌器。早期实行农业“刀耕火种”，用石斧、石锛等砍伐林木，放火焚烧，再用尖木棒点种；中期为锄耕农业，出现翻土垦耕的石、木或骨制的耜、铲、锄等；晚期为犁耕农业，除沿用前两阶段生产方式外又发明了石犁用于耕种。这三个发展阶段因地区和文化不同，产生时间早晚和发展水平也有明显差异。

013 中国最早的古城——城头山

新石器文化中期的人类修建了自己的防卫城堡，在中国历史上是绝无仅有的重大发现。

澧阳平原位于湖南省北部，是史前遗址分布最密集的地区之一。城头山古文化遗址位于澧县车溪乡南岳村，地处澧阳平原中部、澧水北岸，包括汤家岗文化、大溪文化、屈家岭文化和石家河文化等发展阶段，基本上涵盖本地区新石器文化发展的全部序列。

城头山古城是这个遗址最重大的发现，被誉为"中国第一古城"，距今约6 000年，是目前年代最早、保存最完整、内涵最丰富的新石器时代城址。城址始建于大溪文化早期，奠定了古城的基本规模和城垣范围。城墙底宽10余米、墙高2米左右，城墙外侧有绕城一周的环壕，长约1 000米、宽10米、深3–4米，与城墙共同构成一个复合有效的防御体系。城址在使用的过程中又经过多次大规模加筑，最后一次加筑是在屈家岭文化中期，时代约为距今4 800年左右，主要是向城墙内侧大

城头山古城址空中航拍

规模加宽，并且是一层大土块夹一层河卵石交替夯压而成。城址的设计规模和城墙的构筑工程相当宏大，全部取土量在10万立方米以上，因此虽然历经几千年的风雨侵蚀，现在地面上依然可以明显看出夯土城墙和环绕城墙的护城河等城址设施。

大溪文化彩陶豆

屈家岭文化时期的城址平面呈比较规整的圆形，地势东高西低。城墙全长1 000余米，底宽约30米，顶宽约20米，高出城外平地5-6米。城垣及护城河共占地15万平方米，城墙内径320米左右，城内面积约8万平方米。城址在各方面指标上都远远超过了大溪文化初建时的规模。城墙的东、西、南、北四个方位各有一个城门，且两两大体相对，之间有道路连接，并在城内中心点相交汇形成宽阔的城中大道。北门地势最低，是城址的水门，现宽32米，沟通城外的护城河与城内的堰塘。西门地势较高，破坏较重，情况不明。南门宽20米，也有一条道路直通北门方向。东门宽19米，底部高出护城河水面3米、有一条宽5米左右的卵石路由城外斜坡状通入城内，正对西门方向。城墙可分为墙基与墙体两个部分，底部未挖基槽，直接筑于当时的地面之上。城墙夯土为比较纯净的黄胶泥，含有少量铁锰结核颗粒，采用平夯法叠筑而成，用河卵石进行细致地夯打。筑城所需的泥土为就地取材，从城址周围的壕沟内取土，由于土方量大，所以在建造城墙的同时也在城墙的外侧形成了一周30-40米宽、3米深的大沟，这条沟后来被作为护城河，对城址起到了双重保护的作用。

城址给城头山人无疑带来了安定与繁荣，大溪文化与屈家岭文化时期这里人口云集、房址稠密、农业发达、水田遍布，是澧阳平原最富庶的地区之一。城内有居住区，有大片台基式的房屋建筑群基础，房址均建在台基上，有的前后两间，前为规格较高的居室，后为公共食堂，有成排相连的方形灶坑，并遗留有完好的陶器。另外还有中间带走廊的排房，有十余连间，每间面积仅3-4

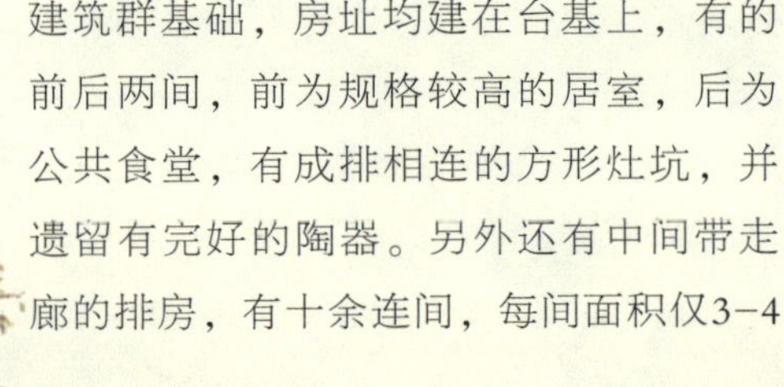

西城墙与护城河

平方米，却没有灶坑。此外还有设施齐全的制陶作坊、密集而重叠的公共墓葬、祭坛等重要场所。

这里有世界上目前最早的古稻田，距今6 500年，年代早于城址，属于汤家岗文化的遗存。稻田表面都有清楚的龟裂纹，土样和现代农田相似，土壤剖面上可以看出一根根往下伸展的根须痕迹，还有碳化稻谷和蓼科、竹叶、田螺等动植物标本。田畈长条形，呈西北—东南走向，由原生土面向下挖出低一级田地。田埂是原生土面，之后再用人工方法加高堆垒成新的田埂，宽度0.5米左右，同时发现了与水稻田配套的原始灌溉系统，有蓄水的土坑和导流用的水沟，土坑均建在高出于稻田的原生土层上，与几条水沟相通，以便于将水从高处引向低处的稻田。

城址内发现了大溪文化祭坛，系用纯净黄土夯筑的土台，呈不规整的椭圆形，由中间部位向周边倾斜。南北长径约26米，东西短径约15米，面积200多平方米。在祭坛的较高部位，有排列有序、形状大小相同的祭坑，深0.2米，直径1米，坑壁坑底相当规整，中间都放置一块大卵石。在祭坛的最高处，有一圈屈肢葬墓，其中一座墓里的骨架铺垫葬具，置于大圆坑之内，坑中随葬牛骨、鹿牙，但无陶器、石具，墓主可能是巫师。其他屈肢葬墓内均一无所有，葬的可能是祭祀的人牲。在祭坛之外也有大量的土坑，深度多在1米以上，直边、平底、多长方形，少量圆形、方形，极少不规则形状。坑内或倒扣无底的陶器、或放置动物骨骼、或满装红烧土、草木灰。有的坑中，上层倒扣着10多件釜、碗、碟之类的陶质器具，下层则是深近1米的草木灰，内有经过烧灼的炭化稻米。这座祭坛位置紧贴水稻田，其作用除祭拜天地祖先外，很可能也用于祈求丰收。

屈家岭文化黑陶壶

城头山古城的出现是澧阳平原几千年来社会发展的必然结果。汤家岗时期最先落脚的人们已经开始经营规模化的稻作农业，打下了坚实的经

大溪文化祭祀坑

济基础。大溪文化时期城址所在地已是大型环壕聚落，在壕沟的坡面上，竖有由木桩、横木条、芦席绑扎成的护坡设施，还架有桥梁。淤泥中发现了近100种植物籽实，包括稻、葫芦瓜等栽培作物。发现了近20种动物遗骸，如牛、猪、鹿、象、螺、蚌、鱼类和鸟类等，有些已经驯化。出土了苇编、竹编、麻编之类的织物，并发现了有榫卯结构的木构件以及制作精致的木桨和船艄等。环壕聚落的形成和生产力方面的迅猛发展为古城址的建造提供了可能。为了保护已有劳动成果，防止外来力量对富有聚落财富的觊觎，城头山人采取筑城挖壕的措施来加强防御。于是，城就出现了。从城头山人历史上每隔一段时间就要加筑城墙这一事实，也可以看出人们对城址的防御功能的要求也是越来越高。

城头山古城是长江流域城邑文化遗存保留得最系统、最具代表性的遗址，具备我国早期城址中内涵最丰富的古城布局，也是目前所知沿用时间最长、地层关系最清晰的城址，对于了解史前聚落的发展、筑城历史和技术、长江流域文明因素的形成、世界稻作农业的兴起和发展等重大学术问题都具有极高的研究价值。

稻作农业起源

农业起源、人类起源和文明起源并列为世界考古学的三大战略性课题，而稻作农业的起源则是中国考古学探索的重大项目。目前这项课题的研究还处于实证阶段，即以年代最早的稻谷遗存来确定稻作农业起源的时间和地点。以目前资料来看，长江流域是稻作农业最可能的起源地区。

014 流光溢彩的西部彩陶——马家窑文化

从考古学角度来看，彩陶文化起源于中原地区，但是在祖国西部的甘青地区这种传统却得以继承并发扬光大，青出于蓝而胜于蓝。

黄河是中华文明的摇篮之一，甘肃又是黄河文明的重要发祥地。新石器时代的甘肃以丰富的彩陶为特征，形成了一部完整的彩陶发展史。尤其是马家窑文化的彩陶，达到了这项艺术的巅峰，是中国彩陶艺术成就的杰出代表。

人头彩陶壶

马家窑文化是黄河上游新石器时代晚期文化，主要分布在甘肃省，以陇西平原为中心，东起陇东山地，西到河西走廊和青海东北部，北达甘肃北部和宁夏南部，南抵甘南山地和四川北部。它是仰韶文化晚期的一个地方分支，又称“甘肃仰韶文化”。它上承仰韶文化庙底沟类型，下接齐家文化，距今约5 300–4 000年。

彩陶发达是马家窑文化显著的特点，尤其内彩特别发达，图案的时代特征十分鲜明。在我国已发现的所有彩陶文化中，马家窑文化彩陶比例是最高的，一般在整个陶器中占20%–50%，墓葬随葬品中彩陶比例有时可多达80%以上。马家窑文化制陶业非常先进，其彩陶花纹继承了仰韶文化庙底沟类型爽朗的作风，并表现得更为精细，形成了绚丽而又典雅的艺术风格，比庙底沟类型有更进一步的发展，艺术成就达到了登峰造极的高度。陶器主要采用泥条盘筑和捏塑

千姿百态的彩陶小口罐

的器物主要是钵、盆、瓶、罐。花纹繁缛，多用等粗的线条构成，均匀对称，浑然一体。其中动物花纹有鸟纹、鱼纹、蛙纹和蝌蚪纹，几何花纹则有垂幛纹、漩涡纹、水波纹、圆圈纹、多层三角纹、桃形纹和草叶纹等。纹饰以旋纹和弧线纹为主题，线条粗健古朴。瓶多为喇叭口，罐为敞口，盆的口沿外卷，钵为圆唇。无彩陶主要是罐、瓮、甑、砂锅等,其中泥质陶多为素面,有的打磨光滑，夹砂陶多饰绳纹和附加堆纹。不少陶器的形制和花纹都与仰韶文化庙底沟类型的相似或接近，显然是从庙底沟类型脱胎发展起来的。马家窑类型的晚期，彩陶花纹多用较粗的笔道，小口高领罐的形制及其所饰的大漩涡纹、大锯齿纹等，都表现出向半山类型过渡的倾向。

中期：半山类型。因半山遗址而得名，分布于陇西河谷和盆地、河西走廊以及青海东北部，同马家窑类型分布区大部分重合而稍偏西，年代距

法制作，陶质呈橙黄色，器表打磨得非常细腻，流光溢彩。已开始使用慢轮修整，并利用转轮绘制同心圆纹、弦纹和平行线等纹饰，表现出娴熟的绘画技巧。此外，马家窑文化中还常有人形或动物形陶塑及陶制房屋模型。还出土过舞蹈纹彩陶盆，花纹描绘5人一组携手起舞，腰带为之飘动。这些都是人们实际生活的一种艺术再现。

马家窑文化经历了1 000多年的发展，文化特征发生了很大的变化，一般把它分为马家窑、半山和马厂三个类型，并分别代表早中晚三个发展阶段。

早期：马家窑类型。因马家窑遗址而得名，分布于陇东山地、陇西平原、宁夏南部和青海西北部，西至甘肃武威，年代距今5 300−4 900年。它的彩陶以纯黑彩绘花纹为主，漆黑发亮，画彩

单耳高足西瓜纹罐

弧线圆点彩陶盆

有变体蛙纹和棋盘格纹。彩陶器形以小口鼓腹瓮、单把壶、双耳罐和钵为主，瓶口沿向外翻转，颈部变长，罐的颈部变短，纹饰以弧形并列条纹为主，线条均匀细密，活泼流畅。夹砂陶则多系各种罐类，肩部饰较细的附加堆纹，有些夹砂罐为白陶。

晚期：马厂类型。因马厂遗址而得名，分布与半山类型相仿，只是西部更向西伸展到酒泉、玉门一带，年代距今4 400-4 000年。其彩陶带有红衣，多以黑、红二彩并用绘制花纹，陶器数量最多，陶质较粗，主要器形有盆、钵、碗、壶、瓶、罐等，色彩也发生变化，出现了白彩，多为辅助装饰，纹饰简化、潦草，以旋纹、平行条纹为主。色彩清淡，黑白分明，对比强烈是突出特点。早段用很宽的黑边紫红条带构成圆圈纹、螺旋纹、变体蛙纹和波折纹等；晚段则用单色线条，以黑色为主，有时单用红色构成波折纹、菱形纹、编织纹和变体蛙纹等。器形大部分脱胎于半山类型，新器形主要是单把筒形杯。夹砂陶器也多饰附加堆纹，只是条带较粗而已。马厂类型晚期的双耳罐耳部加长，彩纹用单色，以菱形纹和编织纹为主要母题，都已很接近于齐家文化，应当是齐家文化发生的前驱。

彩陶的大量生产，说明这一时期制陶的社会分工早已专业化，出现了专门的制陶工匠。马家窑文化许多遗址中都发现有窑场和陶窑、颜料以及研磨颜料用的石板、分格的调色陶碟等描画彩

今4 700-4 400年。其特征表现在彩陶上主要是用红、黑两色相间的锯齿纹构成各种图案，诸如漩涡纹、水波纹、葫芦纹、菱形纹和平行带纹，也

漩涡纹双耳彩陶罐

彩陶双联罐

陶花纹的工具，表明该文化所使用的大批陶器及绚丽花纹都是马家窑人自己在本地制作加工的。制陶窑场很大，最多的窑场发现有五组12座陶窑，每组陶窑共用一个烧火坑，各窑的窑门都朝向中心。窑场中有一个备料坑，内有制造陶器的熟料和余料，其中的红胶泥条正与马家窑文化陶器多用泥条盘筑而成的情况相印证，充分显示了在原始公社制度下有组织地进行劳动生产的场景。马家窑人生产的陶器，不仅能够满足公社内部的需要，而且应该有相当一部分转入同其他外部公社之间的交换，在一些墓葬中，都曾发现有海贝和石质、骨质的仿贝制品。贝类在史前时期即是一种货币，它本身是从遥远的地方交换得来的，仿贝类制品也是为了交换的需要，可见马家窑文化的晚期已经有了商业交换的萌芽。

过去有一种错误说法，认为仰韶文化的彩陶是从中亚、西亚等地经新疆和甘肃河西走廊传到中原的。今天大量的考古发掘和研究则表明，包括彩陶在内的整个仰韶文化，是在黄河流域独立形成和发展起来的本土文化，并非由外部传入。并且马家窑文化晚于仰韶文化的庙底沟类型，马家窑文化本身的分期、各期遗存的分布及其来龙去脉也表明它是继承仰韶文化而逐渐向西扩展的一支，只是在扩展的过程中可能同当地的土著文化相结合而发生变异，这些事实表明，中国西部地区的彩陶源于中原，进一步证明中国的彩陶文化是独立发展的。

彩陶旋纹鼓形器

彩　陶

彩陶是在打磨光滑的陶坯上，利用赤铁矿粉或氧化锰做颜料，使用类似毛笔的工具，绘制各种图案，待干后入陶窑经900－1 050℃高温烧制，在橙红的底色上呈现出黑、红、白等颜色的图案。根据彩陶形式的不同，可以划分出不同的文化类型。中国最早发现的彩陶标本是河南渑池县仰韶村新石器时代遗物。彩陶制作技术则最早可追溯到距今8 000年前。

015 母亲河上游的古老文化——柳湾墓地

柳湾墓地的埋葬时代从新石器直到青铜时代，较完整地展示了青海地区文化发展脉络，其中重大发现颇多。

1974年春天，青海省东部乐都县高庙镇柳湾村北发现了一处古代文化遗址，这就是闻名遐迩的柳湾原始社会氏族公共墓地。墓地处于黄河支流湟水北岸、现代村庄北侧一处东西走向的旱台上，据当地人说这里曾经是生长着茂密柳树的河湾，柳湾村因此而得名。柳湾墓地清理出不同时期墓葬1 700余座，出土遗物35 000余件，其中各种形制的彩陶器皿达15 000件之多，是一个绚丽多彩的彩陶王国。

柳湾墓地总面积11万多平方米，按考古学文化划分，分别为马家窑文化和齐家文化，全部属于新石器时代，其中马家窑文化按特征又可分为半山类型与马厂类型早晚两个阶段，半山类型距今约4 400年，马厂类型和齐家文化则距今约4 000年。

墓地可分为东、中、西三个墓区，东区以半山类型墓葬为主，西区以齐家文化墓葬为主，中区则以马厂类型墓葬为主，表明不同时期的文化类型的墓葬各有其分布区域。

马厂类型彩陶内彩十字纹三角纹钵

半山类型墓葬有250余座，都是长方形竖穴土坑墓，排列整齐。普遍有葬具，以前档大、后档小的梯形木棺为主要形式。木棺的四角采用边壁挖槽、端壁做榫的“穿榫法”紧密接合。死者头向北。墓葬有两种：一是单人葬，以二次葬为主。二是合葬，以2–3人合葬占多数。合葬的死者采用“同棺叠压葬”的形式，即几个死者同置于一棺，上

齐家文化彩陶罐

墓葬内堆积如山的彩陶

下叠压在一起，实行一次合葬，它应是母系氏族内部血缘关系密切的亲族合葬墓。这时的墓葬随葬器物一般较少，无明显差别。有石器、骨器等生产工具和陶器等生活用具，还有许多骨珠等装饰品。其中，最有特色的是陶器，全是平底器，不见圈足器与三足器，主要器类有彩陶的壶、罐、钵、盆、瓶等10多种。代表性的彩陶花纹是用黑红两彩描绘的锯齿纹、平行条纹、波折纹、漩涡纹和葫芦形纹等，形式绚丽繁缛。

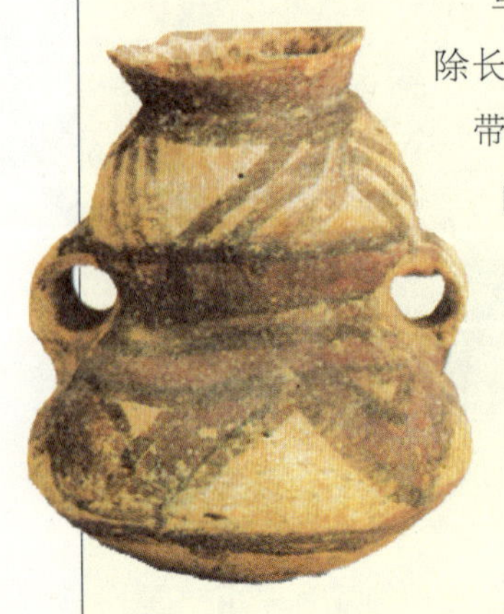

马厂类型葫芦形彩陶罐

马厂类型墓葬有800多座。除长方形竖穴土坑墓外，还有带墓道、平面呈“凸”字形的墓，它的原状很可能是洞室墓。“凸”字形墓大部分都有木棺或垫板作为葬具，以长方形木棺为主，特殊的还有在棺外横向紧箍3个方形木框，以加固木棺。有单人葬与合葬两种。前者以仰身直肢葬为主。合葬墓2-6人不等，以2人居多，大都是仰身直肢，并排埋葬，也有采用“同棺叠压葬”的，但数量较少。合葬墓的性质，属于夫妻合葬或家庭合葬等。墓中普遍有随葬器物，以陶器为主，另外有少量生产工具和装饰品。完整或可复原的陶器合计1万多件，器类有彩陶壶、长颈壶、双耳彩陶罐、盆、小口垂腹罐、带嘴彩壶等。许多墓还在陶瓮中放有粮食——粟。

由于墓主人生前身份和拥有财产不同，马厂类型时期墓室规模和随葬的彩陶数量区别较大，反映出墓葬之间的等级差异极为悬殊。大墓墓室全长约5米，宽和深各3米左右，墓主人为40多岁的男性，墓内随葬品除了石刀、石斧、石凿和绿松石装饰品外，仅陶器就有90多件，其中又以彩陶占绝对优势。有些大墓内的随葬品堆满了墓坑，其中大量的是彩陶壶，器形基本相同，花纹复杂多样，甚为精美，远远超出个人的实际需要，显然是拥有财富的反映。有的墓葬出土绿松石和海贝，当是辗转交换所得的珍品。在大墓极尽奢化的同时，有些小型墓却只随葬十几件陶器，有的

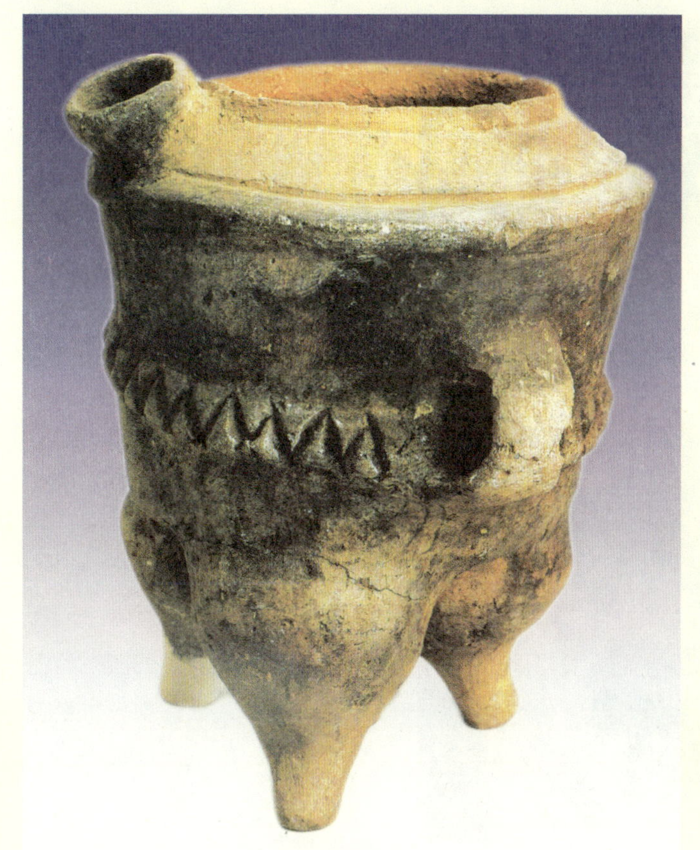

粗陶盉

甚至没有葬具，仅以残陶器作为象征性的随葬品，地位十分低下。马厂类型墓随葬的陶器，彩陶占较大的比例，其彩陶数量之众、造型之美和花纹之繁缛，为其他文化和时代所不及。彩陶花纹多种多样，最有代表性的花纹是左右连作的大圆圈纹和不同姿态的简笔蛙纹，非常具有时代特点。

马厂类型时期值得重视的是还出现了一些特殊的文化现象。如在相当数量的彩陶壶或陶瓮的下腹部，都画有符号，总计有130多种，推测是陶器制造者的记号或代表氏族的徽号，也可能是文字产生以前的简单记事符号，对于探讨中国原始文字起源有至关重要的意义。还有一件彩陶壶，在外壁雕塑出一个裸体人像，先捏塑人体的各个部位，然后用黑彩勾勒。头面在壶的颈部，身躯在器身腹部，五官清晰，披头散发，袒露躯干和四肢。上肢捧腹，五指分明，下肢直立，似乎蕴含一定的宗教意义。另外在一些墓葬的彩陶壶内放置着几十枚整齐的小骨片，长不过2厘米，边缘分别刻有1、3、5个锯齿，可能是记数工具或作其他专门用途的记事工具。

齐家文化墓葬有360多座。墓坑形制与马厂类型的略同，但葬具有明显区别，多数是以圆木挖成的独木棺，一般长1.7−2米。棺内多为1人，以仰身直肢葬为主，也有二次葬和屈肢葬。有些墓主骨架有头无身、有身无头或四肢不全，其葬具和随葬品则与普通墓一样，可能是部落战争的受害者。齐家文化随葬器物以陶制的生活用具为主，常见器类有碗、盆、杯、侈口罐、双大耳罐和高领双耳罐，造型比较新颖，彩陶花纹具有与其他文化类型不同的独特风格。

半山类型彩陶网纹壶

马厂类型彩陶墓葬

陶器是史前人类的日常生活用具，彩陶则是把多变的器形和优美的花纹巧妙融为一体的陶器装饰手法，本身就是一种艺术品，它不但是制陶工艺发达的标志，更是古代人民智慧的结晶。柳湾墓地出土的彩陶表面均为橘红色或紫红色，再配上黑色线条的几何形花纹或动物形花纹，就更加光亮艳丽，绚烂多彩，具有极强的艺术感染力。彩陶的器形虽然只有盆、壶、罐、瓮、碗等种类，并且由于加工技术成熟、制作理念稳定，所以加工出来的器物形式固定、整齐划一，显得缺少变化。然而一旦将陶器表面衬托了多变的彩色纹饰以后情况就不同了，不但不再单调，而且变得构思巧妙、新颖多样、极富动感，地域性特征非常突出。柳湾墓地的发掘，为探讨黄河上游新石器时代的文化面貌、生产水平、葬俗、社会性质以及相互关系等，提供了丰富的实物资料，在中国原始社会考古研究中占有重要的地位。

葬　式

葬式包括两个方面：一是对死者遗体安葬的方式，二是安葬时的姿势。安葬方式有土葬、火葬、水葬、树葬、天葬、悬棺葬等。仰身直肢葬是最为普遍的一种葬式，寓意人死是长眠。俯身葬是出于对鬼神的惧怕和防御。屈肢葬象征胎儿形状，祈求早日投胎转世。其他葬式还有坐式、蹲踞式、站立式等。由于社会、宗教、环境以及文化等因素的差异，不同国家、民族、地区葬俗都不尽相同，反映到葬式上形式也多种多样。

016 玉石环绕的神秘女神庙——红山文化

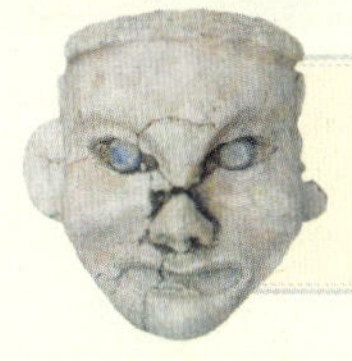

红山文化发现虽早，研究却不多，重大发现也显露很晚，但一出现就改变了中国历史的很多既有结论，其影响非常深远。

红山文化是主要分布在东北地区的一支新石器文化，距今五六千年左右。关于红山文化的认识历经曲折，最初发现时只不过当做一种普通的地域文化，以彩陶、“之”字形纹陶、细石器和石质掘土工具为基本特征，没有什么太突出的看点。时间步入20世纪80年代，在北起西辽河流域，南到大凌河流域、渤海湾北岸，并延伸到燕山以南的区域内都发现了许多红山文化的典型遗址，也涌现出了大量区别于以往普通遗存的重要发现——女神庙、积石冢、祭坛及大量随葬的精美玉器，从而根本上改变了人们对于红山文化性质与地位的认识，大家开始把目光集中于红山文化，关注它极具地域特色的文化构成和发达的史前文明。

红山文化的重要发现都与原始宗教有关，最能反映当时人的精神世界和社会发展程度。在辽西凌源牛河梁和喀左东山嘴遗址，与原始宗教相关的设施层出不穷，非常有代表性。牛河梁遗址绵延10余公里的多道黄土山梁上，有规律地分布着女神庙、积石冢群和祭坛等大型遗迹，并由它们组成一个规模宏大的宗教祭祀群，其场面之大、设施之全、等级之高，在史前时期是不多见的。

女神庙位于牛河梁主梁的北山丘顶部南侧的一处平缓坡地上，平面为“亚”字形，面积75平方米，由一个多室和一个单室两组建筑构成，半地穴式的土木结构。多室建筑南北总长18.4米，东西宽在7米以上，结构比较复杂，包含一个主室和几个相连的侧室和前后室等。单室建筑长6米，宽3米左右，结构比多室简单。在女神庙内发现了红陶彩绘的壁画和祭器残块以及泥塑的熊爪、鹰爪和鸟翅等，并出土了具有绝高艺术性的泥塑人物群像，皆为女性。已发现的人像残块有头部、肩部、胸部、手臂、腿部以及鼻和耳等，分属6个不同的个体，与真人大小接近，位于主室中心的大

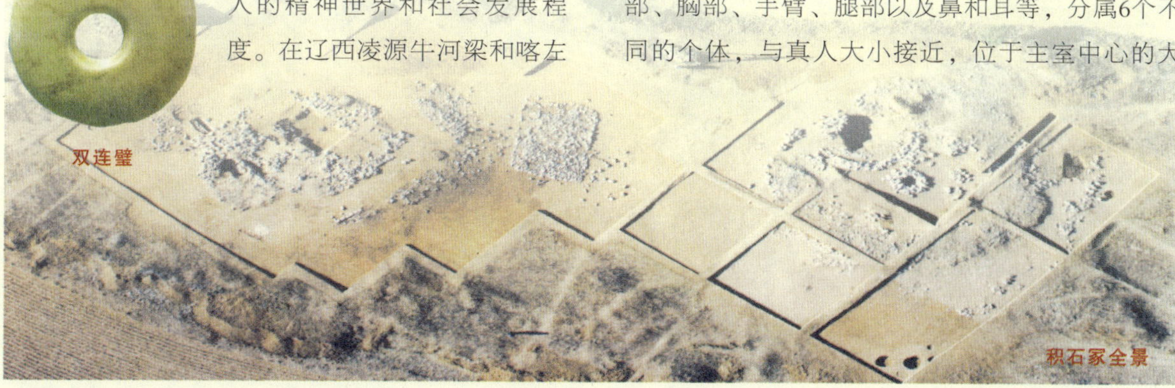

双连璧

积石冢全景

鼻、大耳竟为真人的三倍大小。特别是这里出土了一尊与真人大小相当的彩色头像，高22.5厘米，出土时呈鲜红色，眼眶、面颊尤其鲜艳，唇部涂朱。头像虽然缺了半边耳朵，但造型依旧十分传神，嘴角微微上翘，脸颊随着上下唇的翘张而微显笑态，流露出一种神秘感。眼球的处理更为精妙，在凹陷的眼窝里嵌入两个淡青色的圆玉片，使眼睛显得炯炯有神。头像眉骨、颧骨很高，具有典型的东亚蒙古人种特征，应是依据蒙古人种女性艺术夸张神化而产生的女神形象。

积石冢环绕女神庙而建，散布于各个山头，分为多个地点，多选择在高度适中的岗丘顶部，一般是一个山冈一处石冢。积石冢平面形状分为圆形、方形两种，以石板搭建成坟墓，墓室、墓盖、墓底、墓界均为石板，边缘垒砌规整。每一处积石冢群均是小墓围绕中心大墓，四周又砌筑石墙以为框界，一个冢内一般只有一个中心大墓，均居于冢的中心部位，与小墓之间形成明显的主从关系。大墓上积石封土，形成高耸的山头，在山岗之巅层层迭起，具有后世帝王陵般的气势。大墓墓主皆为男性，其随葬品亦明显多于周边小墓。除了玉器以外，一般不随葬其他的物品。陶器多摆放在冢上，是一种红色的筒形器，不是实用器，都没有底部，被成排地竖立放置在

玉猪龙

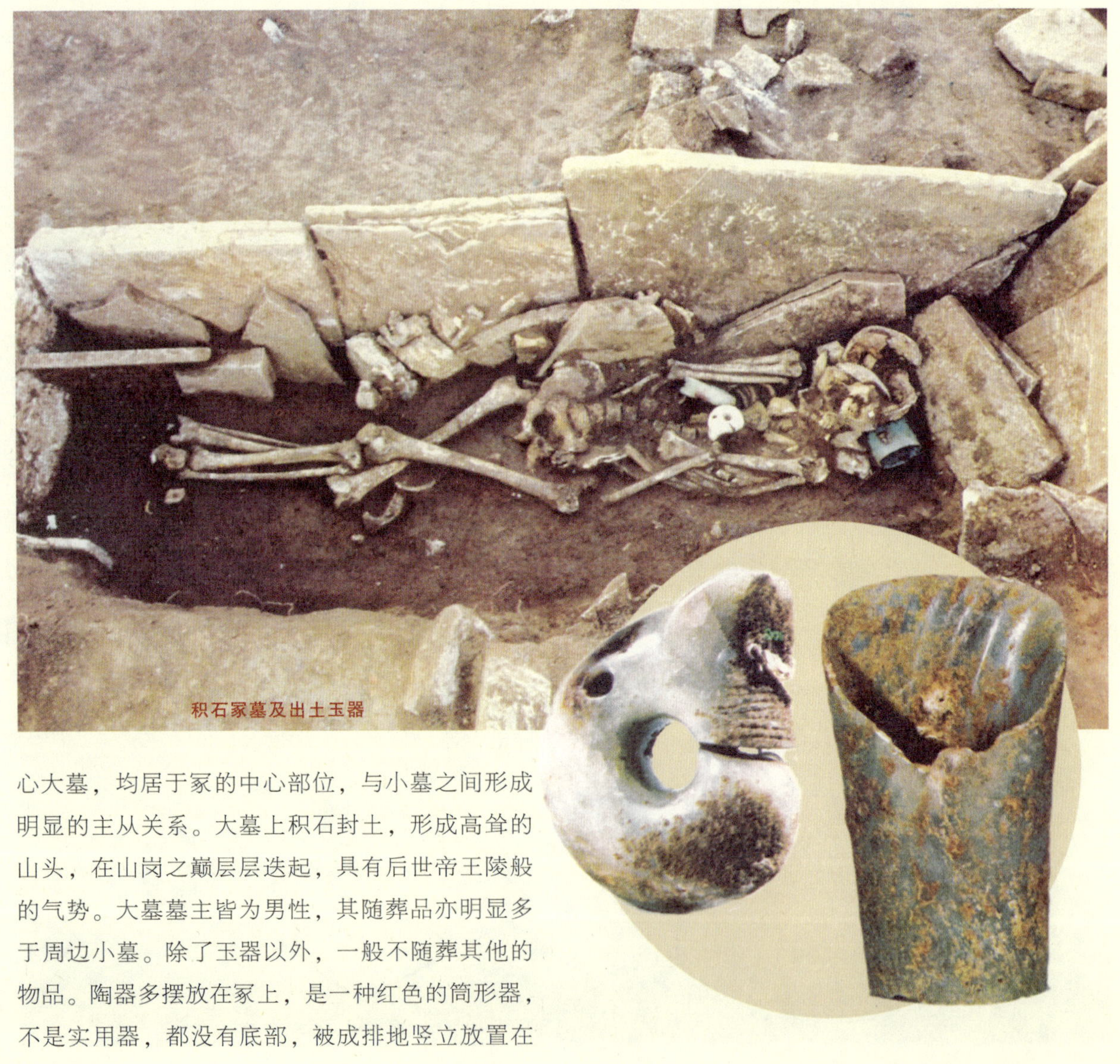

积石冢墓及出土玉器

勾云形玉佩

冢周围的一圈台阶上，与丧葬仪式或墓上祭祀活动有关。

祭坛是积石冢的附属设施，在牛河梁遗址祭坛是积石冢内由石桩围成叠起的圆坛，形成三圈三层的结构。在东山嘴遗址，祭坛坐北朝南，南北长60米，东西宽40米，南端为空旷的场坪，中央为卵石铺砌的圆台，北侧为一方形的祭坛，分内外两重，内置许多密排立置的长条列石相聚成组。祭坛遗址内出土有残破陶祭器、女性裸体陶塑像、石器、玉器等，并发现大片红烧土面，是一处由祭场、祭台、祭坛组成的大型露天式宗教礼仪活动场所。

红山文化的另一独特之处是有大量精美的玉器。首先是墓中只随葬玉器，这与中原地区新石器时代墓葬中普遍随葬有陶器迥然不同；其次是玉器在墓葬中的位置比较固定，同种器物常成对出现，左右对称，充分反映出浓厚的宗教祭祀色彩。墓葬玉器除常见的玉镯、玉箍、玉璧等之外，还有玉龟、玉蚕、玉凤等动物造型，勾云形玉佩是其代表性的玉器种类，而最为夺目的亮点，则是玉龙。玉龙大体可分两类，一类半圆形，体形细瘦，长鬃飘飞，形似英文字母“C”，称“C形龙”，另一类呈环形，环体肥厚，形象似猪，头部肥大，双耳饱满，嘴和鼻梁上有活灵活现的皱纹，两只圆圆的大眼睛微微突起，称“玉猪龙”。玉猪龙也是中国龙文化最早的形象起源。在红山文化中极其罕见，在一些大墓中也只有一两件，且置于墓主的胸前，显得非常珍视，不应是一般人所有，也不是一种简单的装饰品，而更像一种图腾物，可能是红山文化先民们的族徽。

红山文化女神庙是中国最早的神殿，其规模和组合形式表明它不会是一个民族或部落所能拥有，而只能是为整个文化共同体所共有。牛河梁又正处于红山文化分布区内四通八达的中心地带，它应是该文化一处高层次的聚落中心。女神庙里的女神像，以真人为依据塑造而成，比例适中又极富表情，供奉的可能是一位代表生殖繁衍的“母性之神”，更有人认为她就是红山人的女祖。

红山文化是中华文明起源历程中精彩的前奏，其玉器不仅具有很高艺术价值，同时也反映了以玉为佩、以玉为祭、以玉为葬等哲学观念，因此，红山文化又被称为“远古玉器中心”。

玉　龟

中国古玉器分类

按功能可分为礼乐器、仪仗器、丧葬器、生活用器、陈设器、杂器、佩饰、工具。按造型可分为璧、琮、圭、璋、璜、环、戈、刀、戚、斧、衣、杯、卮、奁、灯、瓶、笔筒、书镇、笔架、如意、璇玑、带等。按材质可分为翡翠、和田玉、岫玉、独山玉、玛瑙、绿松石等。

017 长江文明的曙光
——良渚文化

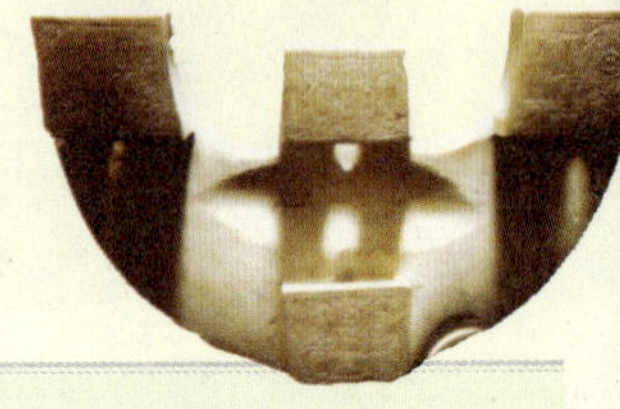

非常有地域特色的古代文化，以“尚玉”为主要特征，出土玉器精品无数，也留下许多大型祭坛设施，对揭示江浙地区的古代社会具有举足轻重的地位。

良渚位于浙江省余杭市，是太湖平原上一个风景秀丽的小镇。20世纪30年代，在这里发现了属于新石器晚期的文化遗存，良渚文化因此而得名，距今约5 300-4 000年。

良渚文化的许多高等级宗教设施和大墓通常位于覆斗状土墩顶部，所以不少遗址地名都与山有关，如反山、瑶山、汇观山、莫角山等，这些特征成为搜寻其文化踪迹的明显标志物。在余杭境内分布着以莫角山遗址为核心的良渚文化遗址50余处，包括村落、墓地、祭坛等各种遗存，内涵丰富，范围广阔。其中莫角山为大型建筑基址，反山、瑶山、汇观山等为高台土冢与祭坛遗址相复合、以大量殉葬精美玉礼器为特征的贵族专用墓地。

玉 牌

莫角山处于良渚文化遗址群的中心，高10多米，面积30万平方米，为自然高冈并经人工修筑。山顶中心部位发现大型夯土建筑基址和成排柱洞，面积在2万平方米以上，夯土基址周围还分布有三个小岗略成鼎立之势，将建筑基址环绕。这样的大型的建筑基址应是为公共事务而兴建的，是贵族行使权力，举行活动的场所。

神人兽面像

反山墓地高5米，人工堆筑，总面积2 700平方米，发现大墓11座，均为长方形竖穴墓，长3米、宽2米左右，盛行玉敛葬，共出土琮、璧、钺、环、三叉形器、冠状饰等玉器1 200多件，是良渚

穿孔玉钺

文化中数量最多的。玉器上花纹纤细之极，一毫米宽度内可有四五根线。成套的玉器往往玉色一致。玉器上雕刻神人兽面纹形式的神徽，表明反山是一处贵族专用墓地，被誉为良渚王陵。

瑶山祭坛高35米，有多重阶梯状石勘及护坡，平面呈方形，由红土台、灰土围沟和砾石面组成，共有大墓12座，出土玉器700余件，但却没有发现一件玉璧，据此判断墓中埋葬的应是身份特殊的祭司。

玉 琮

祭 坛

良渚文化所处的太湖地区是我国稻作农业的最早起源地之一，遗址中普遍发现较多的石制农具，农业已由耜耕发展到犁耕农业阶段，制陶、制玉、纺织等从农业中分离出来，尤其是精致的制玉工艺，代表了当时手工业发展的最高水平。在社会生产力发展的基础上，良渚文化时期的社会制度发生了激烈的变革，社会已经分化成不同的等级阶层，在墓葬遗存中表现得尤为突出。贵族墓地大都建有人工堆筑的大型墓台，墓穴宽大、葬具精致，随葬大批精美玉器。而小型平民墓葬，则不具备专门的营建墓地，只是散落在居住址的周围，墓穴狭小，随葬的只是简陋的陶器及少量的小型玉饰件，整个社会已在激烈的冲突中显现出等级差别。

良渚时期已经产生凌驾于氏族社会之上的某种社会权力。大型墓台的营建工程量巨大，特别是莫角山顶部非当时人们物质生活需要的大型建筑基址，显示了良渚人非凡的营建能力。如此大规模的工程，需要一定的社会秩序来加以保证，而建立这种社会秩序，又是与当时社会等级差别的产生有着密切的联系。因此，在良渚文化时期，氏族和部落里应该出现了具有很高权威的领袖人物，有着组织大量劳动力进行这类大规模营建工程的社会权力。

玉器的加工是一个复杂的多工序的劳动过程，因此，玉器是手工业专门化以后的产物。良渚文化社会形态发生变革的另一重要方面是以用玉制度为核心的礼制的产生。埋葬于大型墓台之上的良渚贵族墓中出土的玉器种类达20余种，主要有琮、璧、钺、锥形器、三叉形器、冠形器、璜、纺轮、圆牌饰等。而在所谓平民墓中，随葬的只有小件玉器，绝无贵族墓中所见的玉器种类。贵族墓之间、贵

玉殓葬

族墓与平民墓之间随葬玉器的种类、组合差异，以及平民墓中有无玉器随葬的差异，构成了良渚文化用玉制度的等级差别。一些制作精致的蟠螭纹或鸟禽纹图案的陶器，也均出自贵族墓，是等级制度在陶器上的反映。

除玉器加工外，良渚文化居民的日常生活丰富多彩，农业生产是主要部门，种植水稻作物，有粳稻和籼稻两种，此外在一些遗址中还发现有花生、芝麻、蚕豆、甜瓜等植物种子，类别相当多样。

制陶普遍采用轮制，器形规整，造型优美。陶器中引人注目的是黑皮陶，有的陶鼎上刻有漩涡勾连纹和曲折纹图案，有的贯耳壶上刻有简化鸟纹和曲折纹，或以圆涡和双线构成的编织纹。这些纹饰，线条精细，繁杂而富于变化，是陶器中的佳作。部分器物上刻有陶文，透露了当时社会文化进步的信息。

良渚文化的人们已经会加工纺织品，如家蚕丝织成的绢和苎麻织成的麻布等。竹器的编织比较发达，竹篾多数经刮光，编织方法多样，成品有竹席、篓、篮、箩、箕、箅等，广泛用于生产和生活各个方面。此外，良渚文化还有桨、槽、盆、杵锤等木器。木桨的使用说明生活在河道纵横地区的原始居民，已有了舟楫作为交通工具。

良渚文化居民过着比较稳固的定居生活。有干栏式建筑，木桩密集排列，正中有一根长木檩脊，盖有几层竹席和芦席。有水井，井底遗落不少陶器和石斧等，有些井还有用弧形木板连接而成的木构井圈。

良渚文化处在一个由新石器文化向青铜文化过渡的历史时期，因此成为探讨中国文明起源的一个关键阶段和热点地区。象征至高无上地位的人工高台、大型夯土建筑基址、埋葬于祭坛之上的大型墓葬以及充斥于死者周围的成组玉器等现象折射出良渚文化内部政治、经济、宗教等方面已经达到相当高的水平，有国家的雏形。以用玉制度为主要特征的礼制的产生，是社会发生质变的表现，标志良渚社会已从荒蛮的史前期踏入文明社会的门坎。

带神徽的玉钺

玉殓葬

玉殓葬风俗是玉器的一个重要文化内涵，始于新石器时代。古人认为玉器有特殊的功效，施覆于人体各部位可以起到防腐的作用。秦汉时期，孝道和厚葬风气盛行，葬玉更是普遍，并且形成了专门制造的随葬玉器，如玉衣、玉琀、玉枕等。

018 黑陶文化的永恒魅力——龙山文化

龙山遗址由中国人独立进行考古发掘，文化本身也是中国历史上划时代的重要阶段，对于研究中国文明起源意义重大。

龙山文化最初泛指中国黄河中、下游地区新石器时代晚期的文化遗存，因首先发现于山东章丘龙山镇而得名，距今约4 500-4 000年，主要分布于今天的山东、河南、山西、陕西等省。考古学研究表明，所谓的龙山文化已经超越了一般的文化概念而成为一个时代的代名词，它的内部文化系统和来源各不相同，根据文化面貌之间的差异，可以分为不同的地方文化。如山东龙山文化，称为典型龙山文化，主要分布在山东地区；河南龙山文化，又分为王湾三期、后冈二期和造律台三个类型，主要分布在豫西、豫北和豫东一带；陕西龙山文化或称客省庄二期文化，主要分布在陕西泾河、渭河流域；龙山文化陶寺类型，以山西襄汾陶寺遗址为代表，主要分布在晋西南地区。

日用陶器

不同地区的龙山文化各有特色，但也有共性，这就是黑陶。黑陶是龙山文化的突出特征，也是龙山文化区别于仰韶文化的根本特点。与仰韶文化初现时称为“彩陶文化”的称谓相对，龙山文化刚发现时也被称为“黑陶文化”，可见两者之间的本质区别。龙山文化黑陶是继仰韶文化彩陶之后兴起的一种优秀制陶技术。由于利用快轮轮制技术，所以陶胎极薄、胎骨紧密、通体磨光；又由于在烧制过程中采用了封窑烟熏的渗炭方法，所以器表呈现出深黑色光泽，甚是精美。它不以装饰取胜，而以造型见长，纹饰仅有少数弦纹、划纹或镂孔等，但却具备了黑、薄、光、细四大特点。而这些黑陶艺术的集中代表则是被称为典型龙山文化的山东龙山文化。

兽面纹玉锛

山东龙山文化是黄河下游地区的一支新石器晚期文化，主要分布在山东省中部、东部和江苏省的淮北地区。它上承大汶口文化，下续岳石文化，在中国新石器时代诸文化中具有较高的发展水平和独特的成就。它是最早被发现的一种龙山文化，研究也相当深入。

白陶鬶

与所有的龙山文化相似，山东龙山文化也是以黑色陶器群为显著特征。陶器普遍采用轮制，壁薄而均匀，造型规整。器表多素面磨光，常见纹饰有划纹、弦纹、竹节纹、镂孔，并盛行盲鼻、乳钉等附件，篮纹少见。袋足器、三足器、圈足器比较发达，但未见斝和鬲等三足器。典型器物有袋足鬶、盉、甗、罐形鼎、盆形鼎、三足盘、高圈足豆、折腹盆、罐形杯、筒形杯、高柄杯、折肩罍、大口深腹瓮等。其中，鬶、盉类为黄色或白色的薄胎细砂质陶，也有的是白衣红陶，无论陶质和器形，均异常突出。大量使用陶鼎，罐形鼎多为砂质，鼎足多作铲式，盆形鼎多为泥质，鼎足多作“鬼脸”式。特别是高颈陶鬶和“鬼脸”式足的鼎，特征鲜明，并给相邻地区以强烈影响。在山东龙山文化分布区的偏西部分，由于与河南龙山文化交流较多，所以文化

左 黑陶盒 中 双耳杯 右 单耳杯

面貌稍有不同，灰陶比例略高于东部地区，出现了少量带绳纹、方格纹的大口深腹罐，陶鬶多为子母口短颈大袋足，罐形鼎的鼎足多作侧三角式，大口深腹瓮多为灰陶并常在器腹上安有宽横把手或拍饰篮纹，筒形杯数量较罐形杯多等，还发现过有灼无钻的卜骨。这些属于地区性的变异，表明山东龙山文化本身也存在地域性差别。

黑陶罐

山东龙山文化在陶器制作方面有自己值得骄傲的精湛绝技，最值得一提的首推它蛋壳黑陶制作技艺。蛋壳黑陶是中国古代陶器中特别与众不同的一个群体，它仅见于山东境内龙山文化的早中期遗址中，是在此地独有的陶土材质和独特的制陶方法基础上产生的，也是当地人生活习俗和审美观念的反映，代表着黑陶技术的最高成就，它的标志型器物是蛋壳高柄杯。

高柄杯是蛋壳黑陶中仅有的一种器形。陶杯经轮制而成，杯壁厚度均匀，薄如蛋壳，最薄处仅为0.2-0.3毫米，应是用刃口极锋利的刮刀类的工具，边旋转边刮修坯泥，当器壁达到极薄时，再进行磨光，并在杯身上加刻镂孔和纤细的划纹作为装饰。蛋壳陶之所以光亮无比，是因为用磨光石对胎体表面做长时间打磨，导致胎体中的石英、云母、绢云母等反光物质的颗粒顺着一个方向排列，对光线由漫反射变为平行反射，才使得器表熠熠发光。这种成型技艺费工耗时，且要耐心细致，稍有疏忽，将前功尽弃，因此就是在技术非常发展的今天进行仿制也不是件易事，它的制作工艺达到了中国古代制陶史上的顶峰。虽然

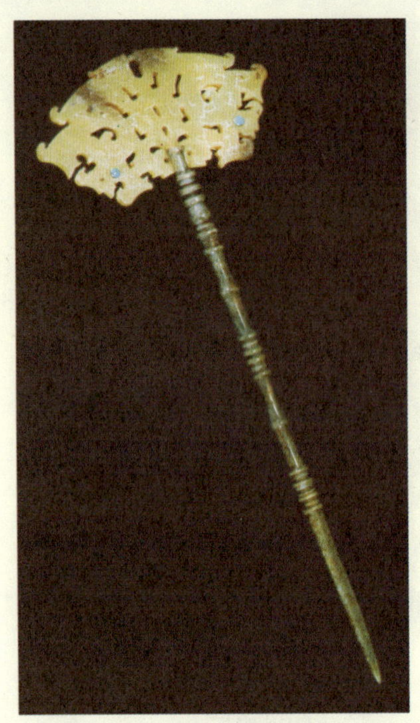
玉冠饰

陶杯胎体极薄，但质地却极为细腻坚硬。有人称赞它们“黑如漆、亮如镜、薄如纸、声如磬、硬如瓷，掂之飘忽若无，敲击铮铮有声”，被世界各国考古界誉为“四千年前地球文明最精致之制作”。

蛋壳黑陶高柄杯可分为粗柄与细柄两种形式。粗柄杯有的杯体和柄部分别制成，再套接在一起；细柄杯联体制成，上面是一个敞口深腹的小杯，中间是倒置花蕾形、透雕中空的柄腹，下面是覆盆状底座，由一根细长管连成统一的整体，形态纤巧秀致，有一种动人的节奏感和韵律美。蛋壳黑陶杯仅出土于少数大、中型墓葬之中，是一种高贵用品，非常人可以享用，应是一种显示身份的礼器。

山东龙山文化有自己的氏族公共墓地，同一墓地上的墓葬方向一致，但各墓地之间则不尽相同，有木椁、石椁等葬具，均为单人葬，流行仰身直肢葬式，个别为屈肢和俯身二次葬。多无随葬品，少数大墓随葬品十分丰富，除高柄杯、白陶鬶、三足盘、鼎以外，还有罕见的玉器装饰品等，部分墓葬中，死者手持獐牙或随葬猪、狗的下颌骨。

山东龙山文化在其分布区内文化面貌相当一致，从渤海海峡的岛屿到苏北、鲁中南地区，各地都出土有精致的蛋壳高柄杯及其他薄胎磨光黑陶器，造型及制法十分接近，反映出社会经济的活跃和产品交换的发达。制陶业、制玉业的成就，已超出了通常原始经济所能达到的水平。这个时期已经出现了多处城址，发现了与城址有关的祭祀坑、大型基址、大墓等重要发现，贫富的悬殊与贵贱的对立表现得非常明显，意味着社会上已产生阶级分化，即将进入史前文明。

蛋壳黑陶高柄杯

考古学文化

玉　矛

考古学文化是考古学研究中表示有特定组合关系的遗存的术语，指可供人们观察到的、属于同一时代、分布于共同地区、并且具有共同特征的一群遗存组合。一般以首次发现的典型遗址所在的小地名作为考古学文化的名称，例如仰韶文化、龙山文化、良渚文化等。一个文化不能由一种特征来划分，因为在不同的文化中可能找到类似的文化因素，只有许多特征的总和，才能把一个文化和另一个文化划分开来。考古学上同一文化内部根据地域面貌的差异又可再分为若干地方类型。

019 缥缈的尧都古城
——陶寺城址

陶寺墓地发现很早，为人所熟知，近年来又发现了城址，因此，不少学者认为它可能就是传说中尧帝的都城。

在广义的龙山文化范围内有一支地域文化是非常有特色的，它就是分布于晋南地区的陶寺类型。陶寺类型因山西临汾陶寺遗址而得名，距今4 500–3 900年，它的文化面貌集中反映在陶寺遗址的重大发现上，有城址、大型建筑基址、墓地、房址、窖穴、陶窑、水井等众多遗存，遗址面积约300万平方米。

陶寺人的房址分地面式、半地穴式和窑洞式多种。室内地面涂草拌泥，经压实或焙烧后再涂一层白灰面，并用白灰涂墙裙。居住面中央有柱洞和灶坑，墙面上往往有或大或小的壁龛，有的还在室内一侧设置灶台，有连通室外的烟道。水井为圆形，深十多米，近底部有用圆木搭垒的护壁木构。陶窑为横穴式，直径1米左右，有多股平行或叶脉状火道。窖穴有筒形、袋形、锅底形等形式，大型窖穴内，往往筑有半环形坡道。曾发现盛储白灰的窖穴和烧制白灰的窑址，白灰窑大小与陶窑近似，锅底形窑室的中心有一火道，窑前散落未烧透的石灰石，表明这时的白灰已得到广泛应用。

观象台夯土基址

彩绘陶簋

陶寺遗址在居住地的东南有3万多平方米的公共墓地，使用时间同居住地大致相始终。有墓葬

石　磬

1 000余座，都是长方形土坑竖穴墓，一般是仰身直肢单人葬，头向东南。不少葬区呈现出错综复杂的叠压、打破关系，最多的一组涉及160多座墓。墓葬分大、中、小型三种，等级差别悬殊。大型墓长约3米、宽2米多，墓主都是男性，使用木棺葬具，随葬品可达一二百件，有彩绘陶器、彩绘木器、玉、石礼器和装饰品以及整猪骨架等，墓葬中随葬的斧、锛多成组，镞多成束。中型墓长、宽尺寸略小，使用木棺，一般随葬成组陶器、木器和玉、石器，几件至一二十件不等，常见猪下颌骨数个至数十个，墓主也多为男性。小型墓小而狭长，一般长2米，宽0.5米左右，大多没有葬具和随葬品。

陶寺遗址石铲数量最多，曲尺形的石刀非常流行。石铲与木耒都是当时两种主要的起土工具，窖穴壁和墓壁上都留有它们的痕迹。

彩绘陶壶

陶器中平底器和袋足三足器发达，泥质陶均施彩绘，并且是烧成后着彩，多以黑陶衣为地，施红、白、黄彩；或以红色为地，施黄、白彩。纹样有圆点、条带、几何形纹、涡纹、云纹、回纹、龙纹、变体动物纹等。斑斓绚丽的彩绘陶器，构成陶寺类型一大特色。其中的彩绘蟠龙纹陶盘是一种高等级的礼器，是中原地区所见蟠龙图像的最早标本，龙纹可能是氏族的标志。大型墓中还随葬大量彩绘木器，有案、俎、几、匣、盘、斗、豆、仓型器、鼍鼓等多种器形。鼍鼓均成对，鼓腔作直筒形，以鳄鱼皮蒙鼓，高可1米，直径0.4–0.5米，系树干挖制而成，外着红彩或以红色为地，用黄、白、黑、蓝诸色描绘出繁缛的纹饰。

玉器多为装饰品。石器以石磬最为突出，用石灰岩打制而成，作倨句型，长0.8–0.9米，它常与鼍鼓同出，都是当时的礼乐用具。陶寺遗址有红铜铸造的铃形铜器，长6.3、高2.7、壁厚0.3厘米，含铜量97.8%，另外还出土用毛笔类工具朱书的“文”字扁壶，其字体形态与甲骨文已经非常接近，是冶金史和古文字研究史上难得的珍品。

陶寺城址是最重大的新发现，分早期小城、中期大城两部分。早期城址呈圆角长方形，墙宽4–6米，南北长约1 000米，东西宽约560米，面积约56万平方米。中期城址也为圆角长方形，在早期基础上向西、南继续扩大，南北长1 700–2 100米，东西宽1 600米，城址总面积280万平方米。东城墙为单道墙，南城墙为双道墙，北城墙为三道墙，西城墙被毁情况不明。墙宽8–10米左右，墙体由夯土筑成，有的区段夯层夯窝清晰，有的区段夯土质量较差，还有部分墙体使用掺碎石颗

石　刀

粒的稠泥进行修补，质地十分坚硬。

陶寺城址内出土了史前观象遗迹，是陶寺类型迄今发现的最大的单体建筑，建造于陶寺类型中期，使用至陶寺类型晚期。它为半圆形大型夯土基址，直径40米，面积约1 400平方米，由三层台基和生土台芯组成，台芯中部有夯土观测点，在第三层夯土台基挡土墙内侧与生土台芯之间有13个夯土柱构成的半圆形柱列，面向东北和东南。这是一处由夯土观测点和夯土柱缝构成的天文观测建筑仪器系统，从观测点透过夯土柱之间的缝隙向遗址东面的崇山望去，可以观测到春分、夏至、秋分、冬至等重要节令的日出位置，从而得出正确的时令，有历法的功能，被普遍认为是以观象授时功能为核心、兼有祭坛功能的复合型大型建筑。

陶寺类型的先民过着长期定居的农业生活，掌握了较高的建筑和凿井技术，有发达的农业和畜牧业，产生了木工、彩绘髹饰、玉、石器镶嵌和冶金等新的手工门类。一些彩绘纹样与商、周青铜器花纹颇为接近，为探讨中国古代青铜文化的渊源，提供了重要线索。生产的多样化和专业化，使社会产品空前丰富，但墓葬规模和随葬品有无、多寡、优劣等方面差别也十分显著，显示出氏族成员间贵贱有别、高下分明的等级制度，形成“金字塔式”的比例关系。处在塔尖位置的大型墓随葬品丰富，有鼍鼓、石磬等重要礼器，墓主应是掌握祭祀和政权的首领，而将近90%的小墓，墓圹仅能容身，死者身无长物，表明贫富分化、社会财富被聚敛到少数部落贵族手中。早中期规模宏大的城址，从设计到修建都需要一个强有力的机构和首领才能实现，是产生社会集中权力的明显标志。因此，陶寺时期已经出现阶级，产生国家的雏形。

高等级宫殿建筑、与天文历法和宗教有关的建筑设施，是王都级聚落所应当具备的标志性建筑单元。它们与陶寺早、中期的“王级”贵族大墓以及陶寺早、中期的城垣相匹配，丰富了陶寺城址作为“王都”的聚落形态、社会形态和文明化程度。尧是传说中的五帝之一，号“陶唐氏”，是制陶技术的发明者，陶寺地名显然与尧的姓氏有一定关系。传说尧的都城在平阳，即今天的临汾，所以临汾至今还有尧庙，而临汾人称太阳叫“尧王”，可见尧的影响力之深。陶寺城址从时代与规模都与尧的英雄事迹相配，所以有人干脆称它为尧都。

陶　鼓

文明起源

“文明”是相对于“野蛮”、“蒙昧”等阶段而言，通常是指人类社会的进步状态。一般以城市、文字、铜器、礼仪祭祀中心和国家的出现作为文明出现的标志，其中城市是文明的发源地。文明起源存在统一性与多样性的特征，因此古代不同类型的文明在其演进过程中所呈现的物化形式既有共性也有差别。

020 东方庞贝古城

——青海喇家遗址

一次自然灾害使整个村庄湮没于沙石之下，也完整地保留了事发当时的真实场面及人的各种本能反应，在考古发现中是可遇不可求的珍贵材料。

青海省民和县官亭盆地，范围约20平方公里，以黄河的三级阶地为主体，周围是海拔2 000米以上的山地。盆地内有新石器与青铜时代遗址数十处，是理想的人类聚居地。

喇家遗址，就位于盆地的中部，距今4 000年左右，面积20万平方米。遗址区的田间和沟渠里，甚至泥墙上都可以发现大量陶、石、玉器的碎片，令人置身其间，仿佛进入几千年前的世界，在时空隧道中穿行。

遗址内不但出土了丰富的遗物，而且探寻到宽大的围村壕沟、中心广场和几十座窑洞式建筑以及烤制食物的壁式烤炉与面条等地域性文化遗存，此外还有大量的窖穴及奠基坑、杀祭坑、墓葬等。广场位于遗址的一片民居中间，地面平整、宽阔，有明显的长期踩踏痕迹，在它的周围发现腿骨被折断的人骨及大量燃烧过的灰烬，表明这里还是当时人们进行祭祀活动的一个重要场所，是聚落的中心。喇家遗址还出土了被誉为“黄河磬王”大石磬，长近1米，宽60多厘米，厚4厘米，与传统所见的弓背形或曲尺形石磬不同，它的形状仿制齐家文化流行的石刀，呈长方形，边缘还有象征性的刃部，称刀形石磬。磬上有琢制的穿孔，以便于悬挂，是同时代最大的石磬。石磬是社会生活中重要的礼乐器，喇家遗址出土的大石磬，

7号房址内人骨及散落的大量陶器

形式构成符合黄金律，有较强的美感，按照古代礼制的标准，这样大型的磬应称为“特磬”，是特权阶层专用的乐器，只有王室和诸侯才能使用。喇家遗址出土了带有祭祀特征的广场和高等级的特磬，表明它已经不是原来所认定的普通原始村寨，而是一个中心聚落乃至一个古国城堡。

4号房址内母子形象

喇家遗址最突出的看点是遗址东北部高地上发掘出来的数座房址。它们在形式上都是齐家文化中比较平常的居址，白灰面半地穴式建筑，保存有不太高的墙壁，但与众不同的是，在这些残破的房址内却发现大量的人类遗骸。特别是4号房址内，在面积只有14平方米的室内，发现人骨多达14具。人骨呈不规则姿态一组组地分布在居住面上，有的匍匐在地，有的侧卧一旁，有的相拥而死。中心灶址处有一个成年人两手高举过头顶，双腿为弓步，死亡时身体还未完全着地，像是要托起即将倒塌的房顶的样子。西南部有5人集中死在一处，其中4个是年少的儿童，另外一个年长的成年人似在用双手护卫着身下的4人，5人或坐或倚或侧，头颅聚拢在一起。在7号房址内，室内西侧还发现一个成年个体的下肢骨，而上肢骨骼在门道内。在室内中部还有一副儿童骨架，也俯卧于地面上，骨架被向下压平。室内东壁和西北角都保存了大量本为完整的陶器，皆被压成了碎片。

玉 璧

最让人震惊的是几座房址中几对“母子”形象。3号房址中的一对“母子”在房址的东墙边，母亲双膝跪地，用双手搂抱着幼儿，幼儿依偎其怀中，双手也紧搂着母亲腰部，显示出十分恐惧的样子。母亲脸部向上，颌部前伸，像是在向苍天祈求生路。4号房址内的母亲屈膝倚墙坐在地上，怀中紧紧抱着孩子，脸颊紧紧贴着孩子的头，孩子同样用双手紧紧抱着母亲的腰。7号房址中，也发现一对“母子”，位于靠近门道的地方，俯身于地，骨骼因受压而紧贴地面，成人骨架折曲成V字形，儿童骨架位于成年人身体与手臂下面，像是大人护着小孩向屋外逃脱不及而死于室内。

经过鉴定，在房址内抱着孩子的长者都是女性，年龄都在30岁上下，最小的孩子只有1-2岁。3、4号房址的16人中男性只有3人，其中2人都是18岁以下的未成年人，只有1人年过40，属于典型的幼弱妇孺群体。然而人骨DNA的鉴定结果却出乎所有人的意料：其中两对成年人与儿童却并非母子关系！

这么多未成年人，显然不是出自同一个家庭，是临时集中到了这些房子里，而从人骨呈现的不规则姿态上看，都是意外死亡。可见当时确实发生了某种大的灾难，使得这些寻求避难的人们终于在劫难逃。

究竟是什么灾难在4 000年前的某一天降临到了这里呢？研究人员通过遗骸上覆盖的棕红色黏土找到了初步的答案。这些黏土形成于流水作用，都夹有较多的细小波状沙质条带，具有“漫洪沉积”的特征，与当地河流泛滥时洪水带来的堆积性质相近，是黄河泛滥的产物，由此可推断是洪水泛滥时，汹涌的洪峰冲上河边台地，也涌进了当时居民的半地穴式建筑里，用泥沙淹埋了滞留在房子中的全部妇女儿童。因此黄河异常洪水是喇家遗址毁灭的主要原因。

然而接下来的研究却表明，情况却不这么简单，简直是祸不单行，因为在洪水之前还发生了强烈地震以及山洪暴发等自然灾害。在喇家遗址附近，地裂缝、沙管和地面变形等古地震遗迹分布特别多，地裂缝有数十处，最大的一条宽0.5米，深1.5–2米，长约40米。覆盖人骨的棕红色黏土中也发现了大小不等的棕黄色粉沙团块，也属于地震造成的房屋倒塌迹象。根据这些地裂缝，沙管、沙堆的形状和分布特征及粉沙团块形成特点，可以肯定在洪水到来之前的几个小时到一天的时间里地震已经将喇家人的房屋建筑全部摧毁了，把村里人都埋在里面。而且在地势较低的遗址南部土层里，研究人员还找到很多沙质“透镜体”，包含齐家文化的陶、骨和玉器等残片，属于古山洪堆积，表明在地震之后、洪水来临之前山洪又冲毁了部分村落。因此关于喇家遗址史前灾难一个比较完整的认识就是：首先遭受地震攻击，房倒屋塌，然后受山洪侵袭，最终到黄河异常涨水、漫上台地，将整个遗址完全淹没。

面条及盛放面条的红陶碗

喇家遗址的史前灾难遗迹，在中国尚属首次发现，在国外也很少见于报道，是

4号房址及房内的人骨

震惊世界的考古重大发现，被誉为“东方的庞贝古城”。它有世界末日般的压抑气氛，但更多的是透射出无比高尚的真情和爱心，体现了灾难来临之时，人们护佑幼小、相互友爱的情景，彰显了一种原始的人性美。它是一幕封存了4 000多年的人类悲剧，也是历史发展的精确定格，对于探讨西北地区古代文化变迁具有重要意义。

考古学中的DNA技术

DNA即脱氧核糖核酸，是染色体的主要化学成分，也是组成基因的材料。对古代人类遗骸中的DNA进行提取和分析是考古学的新兴领域，该方法始于20世纪80年代初期，目前在我国主要用于探讨古代居民之间的种族遗传学联系以及群体结构、社会组织形态等问题，并在群体遗传学的基础上了解古今民族之间的渊源和流向，解析不同民族族源、迁徙、分化、融合的历史过程。

021 华夏第一都——偃师二里头

夏代历史最为神秘，传说不少，但实物却不多见或者不可认证，二里头都城遗址的发现改变了整个夏代历史。

夏，中国历史上第一个奴隶制王朝，开天辟地，承前启后；二里头，中国地名海洋中一个再简单不过的名字，默默无闻，名不见经传，很难与什么天下大事联系在一起。然而就是在二里头附近的小村庄里，人们找到了第一王朝的都城，寻觅到夏代的踪迹，从而以铁的事实将这两个似乎看起来并不相当的个体联系起来，打破了之前关于夏代是否存在的种种疑问，重写了夏代历史，延伸了文明的起点。

华夏第一都——偃师二里头遗址位于河南省偃师县，地处伊、洛二水之间，东西长约2.5公里，南北宽约1.5公里，距今3 800−3 500年。在这里发现了二里头文化大型宫殿建筑基址、手工业作坊址、一般居住址和墓葬等，并出土了大批成组的青铜礼器和玉器，证明是中国最早的都

陶酒器

嵌绿松石兽面纹铜牌饰

城遗址。遗址中心区位于东南部，地势略高，分布着宫城、铸铜作坊和大型墓葬等重要遗存，西部地势略低，为普通居住活动区。

二里头宫城平面略呈长方形，南北长约370米，东西宽近300米，面积11万平方米左右。宫城外围有夯土筑成的宫墙，墙宽约2米，残高0.1-0.75米左右。宫殿区初建时没有围墙，在中期才开始夯建，延续使用至二里头文化末期。宫城墙外有环城大路，宽10-20米左右，纵横交错呈“井”字形，构成二里头遗址中心区的主要道路网。宫殿区内有多条小型道路，有若干夯土基址和卵石活动面及大面积的路土遗迹。

二里头大型宫殿基址是这一时期建筑水平的典型代表。早期宫殿基址有两座，分别为3号与5号基址，位于宫殿区东中部，东西并列，其间有宽约3米的通道相隔，路土下有长逾百米的木结构排水暗渠。3号基址系大型多院落建筑，是目前我国发现的年代最早的大型宫殿建筑基址，主体部分至少由3重庭院组成，长度150余米，宽度在50米左右。基址中院主殿夯土台基宽6米多，上有连间房屋和前廊遗迹。5号基址东部边缘也有大型柱础和墙槽遗迹。

二里头晚期宫殿基址数量较多，分别以1号和2号为中心。1号基址为庭院形式，整体略呈方形，东西长108米，南北宽100米，高0.8米，面积约1万平方米。殿堂位于基址北部正中，为一座略高起的长方形台基，四周有檐柱洞，东西长30米，南北宽11米，面阔8间，进深3间，屋顶为“四阿

宫殿基址复原图

绿松石龙形器与海贝串饰

重屋式”，类似后代皇宫大殿的庑殿顶构造，是至尊的形式。殿堂前是平坦的庭院，殿堂与庭院的四周是廊庑建筑，南廊正中是宏大的门楼。2号基址位于1号东北，南北长73米，东西宽58米。殿堂位于基址北部的长方形台基上，面阔3间、进深1间，带有回廊。围绕殿堂和庭院有北墙、东墙、东廊、西墙、西廊，南廊中部有宽阔的门道，两侧为门房。2号基址前、后分别有4号、6号基址。4号基址长40米、宽12米，与2号同时兴建。6号基址略晚于2号，应为2号基址使用一段时期后增修的建筑。它们大体同时，且有共同的建筑中轴线，应属同一建筑组群。

二里头不同的埋葬方式，说明死者生前的社会地位存在等级差别。二里头遗址的墓葬，皆为长方形土坑墓。大型墓多位于宫城内，长5米，宽4米，深约6米，有生土二层台。中型墓葬长2米，宽1米，部分有二层台或腰坑，墓底铺朱砂，有漆棺，随葬有铜爵、戈、戚、玉璋、钺、圭、绿松石饰及陶器、骨珠、海贝等。小型墓长不及2米，宽仅0.6−0.7米，随葬品只有少量陶器。此外在灰坑或灰层中，还散见人骨架，有的捆绑双手，有的身首异处，有的和兽骨埋在一起，可能与祭祀活动有关。

二里头遗址出土遗物丰富。柄形玉饰上雕琢有规整的兽面纹，形式与后代铜器上常见的纹样一致，是已知年代较早的兽面纹样。有年代最早的铜爵，还有兽面铜牌，用数百块绿松石镶嵌而成，具有较高的工艺水平。二里头已经有了陶铃、铜铃等乐器。一些大口陶尊的口、肩部有20多种刻画符号，其中有的可能就是原始文字。此外，还见有卜骨，大多采用猪、牛等动物的肩胛骨，上有灼痕。这些遗物可从一个侧面反映当时奴隶主贵族的精神生活。

铜斝

玉 钺

宫城附近还有不少重要的遗迹。在宫城南墙外发现了当时制造贵族奢侈品——绿松石器的作坊和一处废料坑，废料坑内出土了数以千计的绿松石块粒，相当一部分带有切割琢磨的痕迹，还见有因钻孔不正而报废的石珠。在宫殿区南侧大路的早期路土之间，还发现了两道大体平行的车辙痕，辙沟呈凹槽状，两辙间的距离约为1米。这两条车辙的发现，将我国双轮车的出现时间提早了约200年，为探索我国古代车的起源提供了重要的资料。

在3号基址南院内一座贵族墓中还发现了一件大型绿松石龙形器，十分罕见。该墓葬属于二里头文化早期，距今至少3 700年。龙形器被放置在成年男性墓主人骨架之上，由肩部至髋骨处。龙身长64.5厘米，总长70.2厘米，中部最宽处4厘米。头宽身窄，呈曲线形，巨头蜷尾，色彩绚丽，器身起伏有致，形象生动传神，龙头为扁圆形，置于梯形托座上，鼻眼则以白玉和绿松石填充，在距绿松石龙形器尾端不远处，还发现一件绿松石条形饰，与龙体近于垂直。这件绿松石龙形器被命名为“中国龙”。它是在夏代都城遗址宫殿区贵族墓中发现的非常完整和高规格的龙形象遗存，意义非同寻常，说明早在夏代，夏王朝已经把龙作为自己的图腾，是中华民族龙图腾最直接、最正统的根源。

二里头遗址有中国最大型的宫殿建筑群、最早的青铜礼器群、最早的铸铜作坊等，揭开了中国历史发展的新一页，是迄今可确认的中国最早的王朝都城遗址，应是文献记载中的夏都“斟鄩”，也是当时中国乃至东亚地区最大的城市。它早晚两个时期的建筑格局随时代不断发生显著变化，逐渐由一体化的多重院落布局演变为多个单体建筑纵向排列，其形制开中国宫殿建筑之先河，对研究华夏文明的渊源、国家的兴起、城市的起源和都城建设等重大问题都有参考价值。

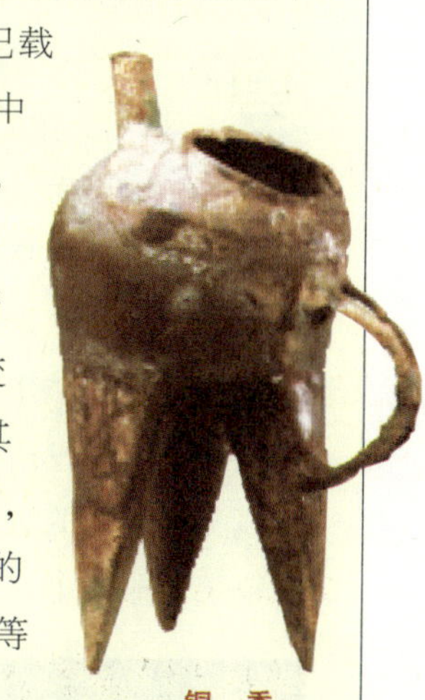
铜 盉

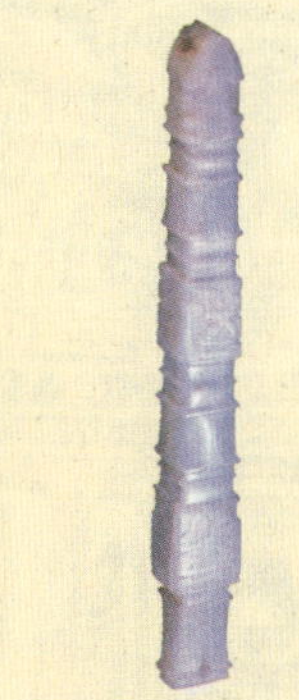
柄形玉饰

夏代历史

夏朝是中国史书记载的第一个朝代，是部落联盟形式的国家。它的首领禹因治水有功，称“大禹”，被舜禅位为天子，成为夏王朝的建立者。禹死后，他的儿子启世袭了王位，废除了传统的禅让制，开始了“家天下”的统治，共传14代，17个王，400多年的王朝历史，最终为商朝所灭。夏人活动的地区主要在河南中、西部的郑州附近和伊、洛、颍、汝诸水流域以及山西南部的汾河下游一带。

022 浓郁北方气息的青铜文化——大甸子遗址

商周时期中原地区青铜文化发达，但周边地区同时也存在着先进的青铜文明，大甸子墓地就是其中突出的一处。

夏、商、周时期，中原地区逐渐成为中国文化发展的核心，历史上称为“三代”。三代是青铜文明最繁盛的时期，创造了难以胜数的青铜器精品，成为中华五千年文化宝库中绚丽多彩的艺术珍藏。与中原地区青铜文化繁盛相似，周边地域里也存在着先进的青铜文明，与中原地区同步发展并相互借鉴，共同推动了中国青铜文化发展的进程。夏家店下层文化就是其中比较突出的一个，它属于北方青铜文化的早期阶段，年代相当于中原地区夏到早商这个时期。长期以来，关于这种文化典型墓地的情况一直悬而未决，直到内蒙古敖汉旗大甸子墓地的发现才为这个问题画上圆满的句号，从而为了解夏家店下层文化的埋葬制度及礼制找到了答案。

大甸子墓地里发掘了800多座墓葬，在不到1万平方米的范围内排列得密密麻麻，但是却井然有序，绝少有墓与墓之间重叠的现象，构成墓区分布上的奇观。在墓地的中间和偏南各有一条空白

彩绘陶器复原展开示意图

贝　饰

成的镞、匕等。大量的蚌器、贝器放置于墓内的壁龛内或作为衣物上的装饰，有些彩绘陶器的口沿上也镶嵌着贝类。青铜器有斧柄和杖的饰件、装饰品等。还出土了漆木器，是一个完整的觚形器和8件同类器的痕迹，是我国北方现存最早的漆器。彩绘陶器是随葬物中最突出的亮点，不但类别涵盖鬲、鬶、盉、簋、爵、鼎、尊、壶、盂、钵十多种，而且与一般的彩陶器不同，它们的彩绘是陶器烧制以后再绘到陶器表面上的，极容易脱落，陶胎本身烧制的火候也很低，不像实用器，应该是专为随葬目的而制作的冥器。彩绘的纹样有饕餮纹、夔纹、兽面纹、徽帜纹及各种以卷曲勾回的线条构成的连续图案，纹样种类近200种。

地带，将墓地分为北、中、南三个部分。墓坑均为长方形土圹，幼童小墓长1米左右，成人墓长2米左右，少数随葬丰厚、礼遇隆重的墓长达3米，甚至4米。一般成人男女都是单人葬。死者头均向北，男性面朝西，女性面朝东，显示了奇特的葬俗。

墓中出土的遗物种类丰富，陶、玉、石、骨、角、蚌、贝、漆器、金属器等，五花八门，还见一些仿铜器造型的陶器。女性墓有不少用大理石、绿松石、红玛瑙制成的珠子串成的头饰、耳饰、项链等，还有玉质的璧、环、璜、璇玑等坠饰。男性墓中则出土动物骨角制

仿铜陶爵

大甸子墓地不同墓之间在埋葬制度上有一定的区别，并因此代表不同的等级和规格。以随葬陶器为标志，普通的成人墓通常只有一组鬲、罐、尊等器物组合，而一些大墓墓圹本身宽阔，随葬品也更丰富，随葬的鬲、罐、尊组合器有两组或三组，表现了不同的礼遇。仿铜

仿铜陶盉

色，多数是先画白色主纹，再以红色勾勒或填涂余地，红白两色间留出均匀线状的黑底色，衬托得红白两色分外鲜明，具有浓烈的时代特色。纹饰均依据器物的不同部位分为主要画面与边缘画面，主要画面施中心纹样，边缘画面用辅助纹样。为适应画面特殊形状有的也作方形的单元结构，纹样的基本元素是“C”形和“S”形的卷云纹，以此构成各种不同的单元内容，多数为二方连续的构图。有少数单独设计的兽面纹图案，双目对称，形似青铜器上的饕餮纹。

这些彩色图案是夏家店墓中最精彩的部分，虽然是绘制在陶器表面，但由于色彩搭配合理，构图精巧，手法熟练，所以器物整体看起来非常大气，具有极强的艺术感染力，是当之无愧的礼器。令人称奇的是这些纹饰与比它略晚的商代青铜器表面常用的夔纹、兽面纹和饕餮纹等在形式和构图原理方面有着惊人的相似，以青铜器本身的地位而言，施用这样的纹饰并不奇怪，而在陶器表面作这样的处理却实所罕见，更耐人寻味的是大甸子本身的时代要早于商代青铜器使用这些纹饰的年代，可见不是这些陶器仿铜器花纹，而是晚期的青铜器模仿这些陶器装饰。这些情况说明中国青铜器极盛时期的施纹程式和某些图案结构早在商代以前就已经出现并达到了

器特征的陶鬶、爵和盉等酒器只存在于全部墓地中的十几座内，在大多数墓中根本不见，显然是作为一种奢侈品与地位身份的标志。它们与中原地区的铜器除了质料以外在形式上没有任何区别，表明中原文化对北方地区的强烈影响。

彩绘纹饰都是用红、白两色绘于烧制完成的陶器表面，红色颜料为朱砂和氧化铁，白色颜料为碳酸钙，可能是用毛笔绘制。陶器底色均为黑

成熟的地步。以大甸子为代表的夏家店下层文化对商代青铜器制作工艺影响是相当大的，这种彩色花纹也就成为了商代铜器花纹的先驱。

大甸子墓地不是孤立存在，在它的西南还保留了一处南北长350米、东西宽200米的圆角长方形夯土城址，面积约7万平方米，城外围绕宽10多米的护城壕沟，是一处由土筑城墙、环壕聚落和墓地组成的大型低台地遗址。类似的遗址在夏家店下层文化中还很普遍，在赤峰附近英金河沿岸和敖汉旗、辽宁阜新等地都发现了许多砌有石围墙的城址遗址。它们多分布在依山傍水、视野开阔的河边台地上，大小不一，从一两万到十几万平方米不等，不仅有城墙，而且挖有城壕。在一定区域内小型多，中型少，大型的只有一两处，形成带有普遍规律性的聚落形式。大甸子遗址从各种情况上分析应是该文化的一处中心聚落，对于探索我国北方地区由氏族部落向早期都邑酋邦制国家转变的历史进程具有重要意义。

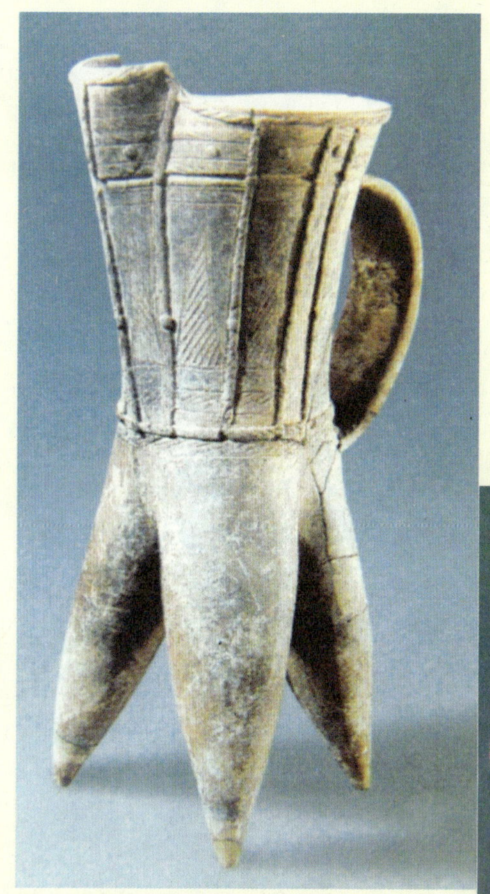

仿铜陶鬶

彩绘鼓腹陶罐

彩绘陶鬲

北方青铜文化

北方青铜文化是相对于中原地区夏商周青铜文化的一种称谓，主要分布于中国的北方地区、长城以北地带，以河西走廊、河套平原、内蒙古东南部和燕山南北地带等几个地区比较突出。它最早始于夏代，与商代以后的中原历史平行发展。代表器物有青铜短剑、车马具、动物纹牌饰等。

023 商王朝的第一个都城——偃师商城

商代不断迁都在历史上是出了名的，偃师商城可能就是它的第一个都城。

偃师市位于河南省西部、洛阳盆地的东缘，因周武王东征伐纣在此“息偃戎师”而得名，历史上先后有夏、商、周等七个朝代在此建都。偃师商城位于偃师市城关镇，是商代前期的重要都城遗址之一。

宫殿基址航空影像

偃师商城包括大城、小城、宫城三重城垣，内外城相套。大城平面呈刀形，北宽南窄，西城墙较直，北墙的东段略向南偏，东墙南段与南墙东段由于受到河流的阻碍均向内凹进，在城东南部形成一个明显的折角。城址南北长1 700余米，北部宽1 200余米，中部宽约1 120米，南部宽740米，周长约5公里，城址面积200多万平方米。南城墙已被洛河冲毁。西城墙现长1 710米，厚17−24米，高1.5−3米；北城墙总长1 240米，厚16−19米，高2−3米；东城墙长1 640米，厚20−25米，高1.5−2.5米。城址有五座城门，分别位于北墙的中部和东、西墙三分点上，在城内发现有东西向大路5条，南北向大路6条，路面宽6−10米，其中一些道路与城门方位基本对应。门与门之间形成纵横交错的城内道路交通网。

北城门位于北墙正中，宽约9米。西二城门，门道长16.5米，宽2.4米。门道两侧各有一条紧贴城墙的夯土窄墙，墙内各有排列密集的16−18个木柱洞，洞底埋有柱础石。从城门内侧向南4米处，有一条东西向呈缓坡形的

陶鬲

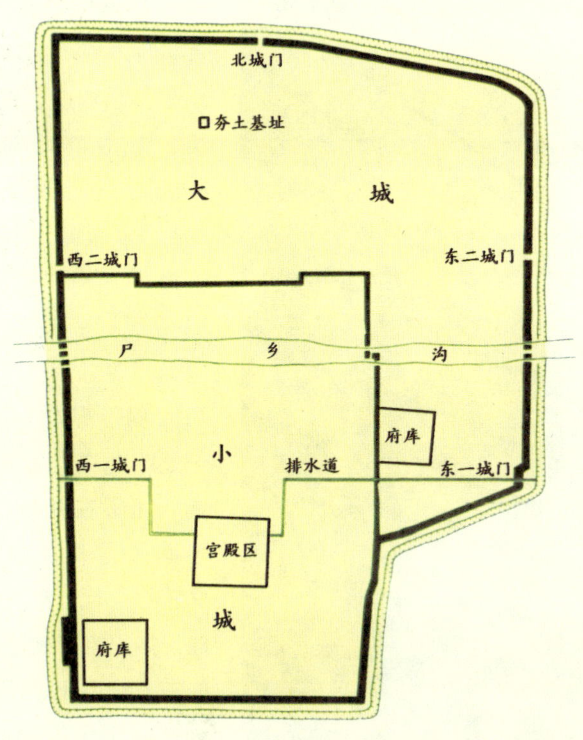

偃师商城平面图

夯土马道，上宽3米，下宽4米，东端与城内一条东西向的大路相连，西端升高与城墙顶部相接。东一城门，门道长19.4米，宽2.4–3米，两壁紧贴城墙的木骨泥墙内残留有16个柱洞痕迹。在门道路土下深0.4米处，有一条地下排水沟，宽约1.2米，深约1.3米，全长800多米，上盖木板，两壁以石块砌成石柱，柱间夹立木柱，承托木盖板，沟底呈鱼鳞伏用石块叠砌。

小城位于大城内西南部，形状为较规整的长方形，南北长1 100米，东西宽740米，墙厚6–7米，面积约80万平方米。它的南、西墙分别与大城的南墙与西墙重合，东墙的南段为大城南墙的东段，东墙北段与北墙单独筑成。小城墙体不是单一的直线，在局部段落有刻意筑成的折角，形成城墙上的凹凸现象，被认为是后代防御设施——马面的雏形，能够缩短从侧面射击敌人的距离，扩大防守的有效范围。

宫城位于小城纵向轴线的中部偏南处地势较高的地点，这是中国古代都城中宫城居于郭城纵轴线上的最早实例。它平面呈正方形，面积约4万平方米，四周为厚3米的夯土墙，周

城墙发掘现场

西二城门南侧城墙

长约855米。宫城南墙正中开一大门，有一条大道通向城南。城内有密集的宫殿建筑群。西部的2号宫殿，主殿台基面阔90多米，是已知商代早期规模最大的宫殿单体建筑之一。它由前后3座主殿和东西两侧配殿组成，是多进式院落。宫城内有多座水井，有较完备的供水和排水系统。城内各宫殿中、城门的路土下，都发现有埋在地下的供水和排水管道，形成暗渠，经过城门，通向城外的护城河。东部偏北的4号宫殿基址，东西长51米，南北宽32米，包括正殿、庭院、东庑、西庑、南庑、南门和西侧门等7部分，是一处四合院式的宫殿建筑。正殿在基址北部，平面长方形，东西长36.5米，南北宽11.8米，建于高出当时地面0.4米的夯土台基上。台基南侧有间距相等的4个长方形夯土台阶。台基四周有排列有序的圆形或椭圆形夯土柱础残迹。此外，还发掘出1口水井和3处石块砌成的排水沟。5号宫殿基址包括上、下两层基址。上层建筑基址的正殿在北部，平面长方形，东西长约54米，南北宽约14.6米。此外，还发掘出北庑、东庑和西庑的基址，10个殉狗坑和一处石筑排水沟。下层宫殿建筑基址平面为回字形，中间为方形庭院。北面基址有柱基槽和殉狗坑，庭院内有两口水井。

宫城北部有长方形水池，池岸距宫城的东、西、北城墙均约20米左右，用大小不等的自然石块砌成缓坡状，水池的东西两端各有一条渠道和水池相连，应是水池的上下水，水池内与水渠中均发现有较多的大小不一的陶网坠和石网坠。这是最早的宫廷池苑，是古代帝都的重要组成部分，是专供商王娱乐用的场所。

在宫城的西南和东北各有一处府库，面积都在4万平方米左右，西南隅的府库四周有围墙，墙内有6排16列共96座长方形的建筑基址，基址的形状、大小基本相同，每座基址的室内都有两道纵墙将室内分为三个部分，可能作为皇家的仓储场所。东墙外的府库也是由若干长条形建筑组成，性质与西南隅建筑群相同。它们与宫城仅有百步之遥，呈犄角之势拱卫着宫城，与宫城的关系相当密切，表明了府库的重要性和商王对府库管理的严格。

铜　斝

大城东北角的城墙护坡内发现铜渣、木炭和陶范，表明那里是一处铸铜作坊，这些发现丰富了偃师商城的文化内涵，为研究偃师商城的性质与青铜冶铸历史提供了重要资料。

城墙内侧护墙坡内还发现两道顺城而行的车辙印迹，轨距约1.2米。它的发现证明商代前期城市中，双轮车已经开始使用。

城址内发现了中小型墓葬，但未见大型贵族墓，出土青铜器及大量陶器。铜器有爵、尊、戈，玉器有玉璜等。宫城的基址内出土铜、玉镞、釉陶器和卜骨等，陶器有鬲、斝、深腹罐、圆腹罐、捏口罐、大口尊、簋、豆等，以夹砂灰陶居多，另有少量的黑陶和黑皮陶，陶胎较薄，器表纹饰以细绳纹为主，并有少量的附加堆纹。

偃师商城既有大型宫殿建筑，又有军事防御设施，同时又有内外城明显的分治管理形式，具有早期都城的规模和显著特点，所以一般认为这里就是商朝第一代王——商汤所建立的都城，并在后期重新加以扩建而成，作为当时的陪都或离宫来使用。它是商代布局最清楚、城内文化内涵最丰富的都城遗址，也是经过精心计算、周密设计并严格建造的城址，从时代与文化内涵上都被看做是夏商文化交替的界标，为复原中国早期历史提供了宝贵的实物资料。

陶　斝

商代都城

商代历史上屡迁都城，文献中记载“殷人屡迁，前八后五”。前八指的是汤以前的先商时期，后五则是指汤灭夏以后统治中国的商朝时期。汤最初建都于亳，其后五迁都城：仲丁迁于隞，河亶甲迁于相，祖乙迁于邢，南庚迁于奄，最后盘庚迁都于殷。至于迁都的具体原因也有朝廷内部分争、王国经济发展空间和水患威胁等不同说法。考古发现的商代都城有偃师商城、郑州商城、安阳殷墟、洹北商城等。除了殷是今天的安阳小屯附近比较明确外，其余几处地点考古与文献的结合还没有形成定论。

024 极盛时期的商都——郑州商城

郑州商城可能是商朝极盛时期的都城，对外颇具影响力，显示了商文化及商王朝的强大。

商灭夏以后，在中原地区开始了它长达600多年的王朝统治。虽然都城屡迁，在各地留下了不少相关的遗迹，但从考古发现来看，还是以它最早建都的地点影响力最大，商人称其为“亳都”，也就是今天的郑州商城——它北临黄河，西依嵩山，东南面向广阔的黄淮平原，占尽了地利上的优势。3 600年前，一个伟大的王朝就从这里起步，迈向历史的深处。3 600年后的今天，这里成了后人朝圣历史的必经之地。

因为完全被现代郑州市区所叠压，所以对于郑州商城的了解有一个较长的过程。首先只是在市区东南郊一个名叫二里岗的高地上发现了属于商代早期的陶器和石器，获得了一个比安阳殷墟时代更早、范围更大的商代遗址，并因此命名了二里岗文化，成为早商文化的代表。郑州商城开始进入人们的视野，不过这时人们对它的了解程度还仅限于它是一处较大的遗址而已。

接下来的发现让所有人都为之震惊，人们在

窖藏铜器组合

青铜器窖藏坑

兽面纹牛首铜尊

这片本以为是普通遗址的地下又发现了一座商代城址，探查出完整的内城城垣与南部一段郭城。内城呈长方形，城垣周长约7公里，其中南墙与东墙各长约1.7公里，西墙长约1.87公里，北墙长约1.69公里，面积3平方公里。墙基最宽处达32米，地面上残留最高约5米左右。城垣上共有缺口11个，可能是城门。城墙采用分段版筑法逐段夯筑而成，每段长3.8米左右，夯层薄，夯窝密，相当坚固，并且在城墙内侧或内外两侧发现夯土结构的护城坡。

随着考古研究的不断深入，关于郑州商城的完整结构认识得更加全面了。人们找到了它的外郭城、护城壕，对城址的具体筑造方法也有了新的认识，城址面积达25平方公里。内城外侧有郭城，其南面、西面均是坚实的夯土墙，长达6公里。郭城外侧为护城壕，与城墙走向平行，中间有10米左右的过渡地带。护城壕断面呈倒梯形，上宽下窄，内坡向下斜直。在内城东部与郭城之间有一处湖泊，深13米以上，与护城壕内的水域连通，它与郭城、护城壕共同组成完整的防御体系。虽然都是夯土结构，但内城与郭城的建筑方法不尽相同。郭城的筑法是先在城墙位置的地表挖一个口部略宽于底部的基础槽，深1米-1.8米，基槽内以夯土打底起筑，待夯到地面高度时再夯筑城墙地上部分的墙体，内城四面城墙则是没有基槽平地起建的，说明郭城兴建时所考虑的坚固程度要远远大于内城。内城专门为保护宫殿设施而建，所以设计得比较规整，城区方正，墙体笔直。郭城的走向围绕内城，并且依照地势而设计，因此形状虽然不十分规整但防御的性质十分明显。这是中国古代最早而且是最大的一座王都，也是中国历史上第一座建有城垣的王都，它拥有城墙、宫殿、手工作坊、祭祀窖藏、

铜方鼎

的较高地带，发现有大、中型夯土台基建筑遗存多处，应是商代大贵族居住的宫殿区，宫殿区东部还有蓄水池和石板砌筑的输水管道等贮水设施。城内有房基、水井等各种遗迹，但当时的居民区、手工业作坊以及中、小型墓地则主要分布在内城墙外。以铸造青铜工具为主的作坊在南墙外，烧制陶器的作坊在西墙外，制造骨器和以铸造青铜兵器为主的作坊则位于北城墙外。小型墓的随葬品以陶器为主，中型墓多随葬青铜礼器、玉石器及象牙器，一座墓中有殉人。遗址中还出土原始瓷器和刻辞卜骨等。

关于郑州商城还有一点特殊之处是在这里发现了大量的精美窖藏青铜器，其中大量是商王的礼器。1974年，人们在西北段城墙外挖防空洞时发现了一处窖藏，共埋藏有12件铜器，包括大方鼎4件，爵和戈各2件，簋和钺各1件，方鼎中有2件套放在一起，其余较小的

青铜礼器、防御设施和配套的供排蓄水系统，在中国城市发展史上有开创性的地位。至此对于城址本身的认识终于达到全面。

近年来，在郑州商城西北的小双桥，又发现了年代相当于郑州商城晚期的王室祭祀遗址，出土了大型夯土建筑、青铜建筑构件、丛葬坑和大量人骨架以及埋有牛头或牛角的祭祀坑等。有人认为它是郑州商城的一个有机组成部分，那么郑州商城的规模应更为巨大，面积估计70多平方公里。

在郑州商城内北部和东北部有近40万平方米

铜器也都放在方鼎内。1982年，一个食品厂在基建过程中，在城墙东南角外发现了第二处窖藏，埋藏铜器13件，其中有大方鼎2件，大圆鼎1件，小圆鼎、樽和觚各2件，罍、卣、盂和盘各1件。1996年，一家公司在施工时于西城墙南段外侧发现了第三处窖藏。这个窖藏中只有2件东西并列放置的大方鼎，最大的1件竟高达100厘米。这三批铜器器类齐全，包括了炊器、食器、酒器、水器和兵器；同时，铜器形体高大雄伟，铸造精美，纹饰讲究。铜器都被埋在城外距城墙很近的高地上，放置有一定规律，窖藏内的地面经过加工，有的还铺有木板和

铜扁足圆鼎

朱砂，有的窖藏附近还发现埋有牛骨架的灰坑，因而推测这些窖藏具有祭扫坑的性质。但也有人认为这些铜器是因商王朝内部发生动乱而临时埋藏起来的，后来由于各种原因未能再次取出使用。

商人之所以选择在这里建都有其政治上的考虑，也有历史因素，此外可能还有地理及经济方面的原因。自从将都城定在亳都以后，商文化的影响力取得了前所未有的扩展与提高，这个时期从北方地区到长江以南，从甘青地区到东部海滨，在极其广阔的范围内都出现了青铜文化。这些考古资料都与郑州商城内出土的遗迹和遗物完全相同或大体相近，因而可以认为以郑州商城为中心的青铜文明曾大规模地向四周传播。这一先进文明的强有力扩展，不仅使得中原商王朝的疆域前所未有地扩大了，而且让更为广阔的地区从此迈进了青铜时代。它的影响力与殷墟时期相比毫不逊色。

铜提梁卣

郑州商城是一座拥有宫城、内城、郭城和护城壕的规模庞大的城址，也是第一座具有一定规划布局的都城遗址，对于研究商代历史和古代城市发展史具有重要价值。它是极盛时期商代的都城，对于解析当时的历史具有举足轻重的作用。

圆腹柱足青铜鼎

商代的疆域

商族相传是东方的古老部落，始祖是契，传十四世至汤，才灭了夏朝。从商代遗址发现的地域分布来看，河北西南部和河南中北部是其统治的中心区。商朝早期的疆域北到易水，南抵淮河，西至太行、伏牛山脉，东至大海。商王武丁以后疆域更为扩大，东北可能到达了辽宁，南抵江淮，西北越过太行山进入山西，成为古代东方最强大的奴隶制国家。

025 商代巾帼英雄的展台——殷墟妇好墓

妇好本人很出色，作为商王的夫人，又能征善战，所以死后厚葬，墓中出土的遗物可以说个个是精品。

在中国历史上，商朝“喜欢”迁都是出了名的，它在前期曾经五迁都城，直到商王盘庚时期定都在今天河南安阳殷墟附近才稳定下来。殷墟考古重要发现不胜枚举，甲骨文、青铜器和贵族大墓，每一项都显示了商王朝强大的国力。

铜三联甗

商朝第23王武丁时期，商的国力最为强盛，它通过一系列战争，打败了周围二十多个方国，将王朝的版图扩大了数倍。但是武丁本人并不出战，代替他东征西讨的却是他的王后妇好。妇好是武丁的夫人，同时也是一位能征善战的女将军。据说她领兵作战一次就带13 000多人，全国几乎一半以上的军队都交给她指挥，她为商王朝的江山社稷立下了汗马功劳。妇好不但能带兵打仗，而且还是国家的主要祭司，经常受命主持祭天、祭先祖、祭神泉等各类祭典，又任占卜之官。商朝是个迷信很重的国家，人们认为所谓国家大事一个是战争，另一个就是祭祀。妇好既会打仗，又掌握了祭祀与占卜的权力，地位非常煊赫。

妇好的事迹在甲骨卜辞中多有记载，她是中国历史上第一位有据可查的女英雄。1976年考古工作人员在殷墟发现了这位英雄的墓葬，墓的形制规模及随葬物品的精致程度再一次让人们从实物上感受到了这位英雄的与众不同。墓中出土龙纹大铜钺和虎纹大铜钺各一把，上面刻有“妇好”字样，可以断定是其生前曾使用过的武器。这两件武器一件重8.5公斤，另一件重9公斤。妇好能使用这么重的兵器，足见其力大过人，武艺超群，名不虚传。

司母辛四足觥

妇好墓呈长方形，南北长5.6米，东西宽4米，深达8米。墓室上部还有一座用于祭祀的夯土建筑，墓里面有专为陈放大量随葬品而设置的二层台、腰坑、东西壁龛等设施，葬具表面还附有一层麻布和一层薄绢用于装饰。墓内殉人16个，分布于椁顶上部、椁内棺外、壁龛和腰坑等处。另外还殉葬狗6只，分别位于椁顶上部和腰坑当中。

墓内共出铜器、玉器、骨器、象牙器、陶器、蚌器等各类随葬品1 928件。此外，还有6 800余枚贝，分别放在棺椁内和填土中。填土中有陶爵、石磬、象牙杯、玉臼、石牛、骨笄、箭镞等，椁内放置大量青铜礼器，棺内则主要放置玉器、贝等饰物。

铜偶方彝

铜鸮尊

铜器共460余件,分为礼器、炊器、食器、酒器、水器、武器、杂器、工具、乐器等十多个门类，铜器有些两两成对，有些数件成套，有些礼器可能是墓主生前宴享或祭祀时使用的，而两件铜钺等兵器则是她拥有至高军权的象征。礼器数量最多，有200多件，有不少是前所未见或少见的重器，其中三联甗由长方形六足甗架和3件大甑组成，在甗架和甑内壁及耳下分别铸有“妇好”铭文；带盖偶方彝，上部形似殿堂屋顶，器底铸有“妇好”铭文；“司母辛”大铜方鼎、鸮尊和“司母辛”四足觥等都是很少见的珍品。铜器上大多铸有铭文，如“妇好”、“好”、“司母辛”、“亚其”等，表明铜器的归属。“母辛”是子辈对其母的称谓，即妇好，妇好是她在世时人们对她的称谓，“辛”是她死后的庙号。

另外，墓中还出土铜镜4面，镜面平薄，背部有桥形

司母辛大方鼎

纽，饰叶脉纹或弦纹兼密布的竖直短道，它们的出土证明，最迟在武丁时代中国已使用铜镜。

墓中出土玉器750余件，均为软玉。大部分是新疆玉，少量为岫岩玉、独山玉等。其中有礼器或装饰用的琮、圭、璧、环、璜及各种佩饰等；有用作仪仗的戈、矛、戚、钺、大刀及斧等；还有生活用具及杂器。这些玉器均为浮雕和圆雕制品，许多器物雕刻相当精致，特别是雕成人像和各种动物形象的装饰品，造型多样，线条流畅，堪称商代玉器的精品，显示出当时造型艺术与琢玉技术所达到的高度水平。其中腰插宽柄器的跽坐玉人高7厘米，盘辫戴冠，着交领衣，长袖窄口，腰束宽带，神态倨傲，似为奴隶主；头顶梳小辫的跽坐玉人高8.5厘米，着衣，赤脚，可能是女奴的形象。这些玉器不仅是研究商人衣冠发式的珍贵资料，而且对研究当时不同阶级的人物形

玉　象

铜方斝

象以及商代的人种也有一定的参考价值。在动物形象的玉雕中有龙、虎、熊、象、马、牛、凤、鹅等二十几种，形象逼真，栩栩如生，皆是罕见的珍品。

石器共出土63件，以大理岩、石灰岩等为原料。器类有豆、盂、觯、壶、瓿、罐、磬、动物雕刻等。此外，还有玛瑙、绿松石、孔雀石以及绿晶等质料的宝石器。器形有虎、鸽、龟、蛙、蝉等形象，雕刻也较精细，可与玉雕媲美。

骨器共560多件，有勺、匕、梳、镞、笄及虎、蛙、人形骨雕等，以笄的数量最多。其中的3件象牙杯是罕见的瑰宝，杯身用中空的象牙根段制成，分别雕成夔鋬杯和虎鋬杯，通体雕刻鸟纹、饕餮纹、雷纹和夔纹，并镶以绿松石片，技艺非常精湛。

武丁时期，对周围侵扰商朝的各诸侯国、方国展开了一系列的征讨，在带来了国家稳定的同时，也给人民创造了比较安定的生活空间，商王朝从此开始了良性发展的历史，物阜人丰，国富民强，有“武丁中兴”的赞誉。妇好由于战功卓著、地位尊贵，加之赶上了王朝强盛时期，所以去世以后，受到了商王朝等级极高的厚葬，她的墓葬规格与王墓相比都丝毫不逊色，反映了武丁时期在文化艺术上的杰出成就，对于研究商朝的社会经济有重要参考价值。

铜　钺

姓与氏

“姓”起源于母系社会，代表有共同血缘关系的族号。“氏”是指同一姓族下分成的一些支派，每支又用一个特殊的号来做标志。如周朝“姬”姓分成管、蔡、霍等氏，齐国“姜”姓分成申、吕、许等氏。现代人姓氏不分，通用“姓”一个概念表示姓氏。

026 南方的商代古城——盘龙城

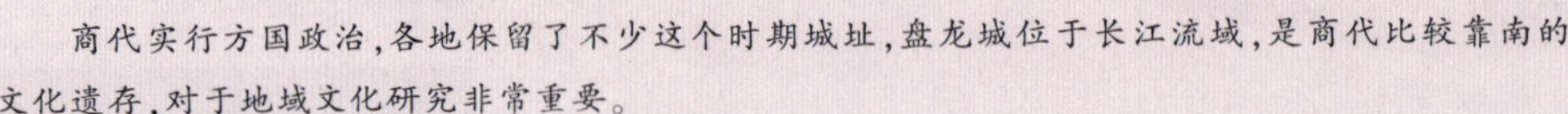

商代实行方国政治，各地保留了不少这个时期城址，盘龙城位于长江流域，是商代比较靠南的文化遗存，对于地域文化研究非常重要。

盘龙城位于湖北省武汉市北郊，因盘龙湖环抱而得名。古城坐北朝南，紧邻市区，遗址面积7.5平方公里。它是3 500年前，长江流域孕育的一座商代古城。

铜鬲形斝

城址位于府河北岸高地偏东南部，平面略呈方形，南北长约290米，东西宽约260米，北偏东20°。四面城墙中部各有一个城门，南墙、西墙及北墙西端还保存有高出地面1–3米的夯土残垣。夯层厚10厘米左右。城墙内侧坡度较缓，有支撑夯筑城垣主体时使用模板的斜行夯土，并形成斜坡以便登临，城墙外侧较陡可以有效地御敌。城垣外侧有宽约10米、深约4米的护城壕，壕沟内侧边略高出外侧边。在壕沟底部发现桥桩的柱穴，说明壕沟上当时架有桥梁，以利城内外的交通。

城内东北部高地上有宫殿基址，是一组规模宏大的建筑群。下层宫殿建在生土上，营建上层宫殿群时，地表经平整，大型夯土台基南北长约100米、东西宽约60米，高1米左右，再在上面修筑宫殿，有3座前后并列、坐北朝南的大型宫殿基址。

1号基址长39.8米，宽12.3米，有高出地面0.2米的夯土台基，台基表面已遭破坏，仅保留建筑

城址西部

铜 钺

物的柱洞与墙基。台基四周的外沿各有一排大檐柱洞，东、西两侧各5个，南边20个，北边17个，前后并不对称，可能是在柱头架檐檩，再在其上架设大叉手以承托脊檩和房顶。檐柱直径半米左右，埋在深0.7米的地下，底有大石块柱础。房顶出檐，檐柱前部两侧有直径较小、埋得较浅的挑檐柱穴。整个建筑面宽38.2米，进深11米。中心为四间横列的居室，面宽33.9米，进深6-6.4米。中间二室面宽略大，各室南面各有一正门，中间二室北壁又有后门，四壁都是木骨泥墙。在四室与檐柱之间，形成一周宽敞的外廊。屋顶为四阿重屋式，顶部覆盖茅草。2号基址不如1号保存完整，位于1号基址南部，相距13米，建筑技法与1号基址相同，但檐柱前后左右对称，顶上的梁架结构更加整齐。以古代前朝后寝的宫廷建筑制度考虑，采用的是“前朝后寝”的格局，2号基址可能是只有一个大厅的前朝部分，其北面的1号基址则是后寝部分。在这个基址的西侧还发现有陶管相接的排水设施，宫殿区四周分布着居民手工作坊遗址和小型墓地。

在城址的四周都有商代的文化堆积，但不见大型建筑基址，当为一般居民区和手工业区。另外在城址的东、西、北部还有商代贵族的墓葬。大型墓葬长宽都在3米左右，有精致的雕花木椁，外壁阴刻饕餮纹和云雷纹，阴线内涂朱，余者涂黑。椁内有棺，底有腰坑，殉人或殉狗。雕花木椁之外也有殉人。墓主的随葬品有鼎、簋、甗、鬲、圈足盘、小盘、罍、盉、斝、觚、爵等青铜礼器，还有钺、戈、矛、刀等青铜武器和戈、笄等玉器，陶器有鬲、罐及印纹硬陶的尊、瓮等。普通贵族墓墓圹长2米、宽1米左右，皆有棺、椁和腰坑，腰坑内殉狗一只。随葬品为青铜的鼎、斝、觚、爵、鬲

铜 盉

西城墙

等，但每个死者只用其中的一种或几种。另外往往有戈、镞、斧、锛等青铜武器、工具，石镰等农具，鬲、缸等陶器和尊、瓮等原始瓷器随葬。平民墓墓圹窄小，往往宽仅0.4米，长2米左右，有棺无椁，但有殉狗的腰坑。随葬品主要是很少的陶器，有时也有1件小型青铜礼器，如爵。盘龙城出土的青铜器，种类繁多、造型独特、花纹绮丽，是中国青铜时代一个缩影，其数量占整个商代前期出土青铜器的三分之一，是我国迄今发现商代前期最多的一组铜器群，数量及种类都超过了当时的王都——郑州商城。

尖底陶缸

盘龙城青铜器在器类、纹饰、铸造等诸多方面有特殊的地位。有中国最早的青铜大圆鼎、精美的雕花钺形器、钩刀等皆为精品，其中一件青铜钺长41厘米，实为罕见。墓葬中出土的提梁卣，造型、装饰乃至铸造极其精致，是已知的我国最早用分铸法铸成的实用器。盘龙城出土的一批先进的青铜农具是我国发现的最早的金属工具之一。玉器是商朝身份、权利和财富的象征。出土的一件长达94厘米而厚只有0.5厘米的大玉戈，在商代玉器中非常难得，是中国古代的“玉戈之王”，显示出商王朝当时在南方的军事实力。在墓葬中还发现了中国最早的木雕艺术品，雕刻着由饕餮纹和云雷纹组成的花纹，出土时色彩十分鲜艳。盘龙城的制陶业很发达，已收集的陶片标本数以万计，已复原陶器2 000余件，其中不少是中国最早的原始瓷器，把我国古代烧造瓷器的历史提前到公元前1500年。这里出土的一个大陶缸，直径约50厘米，高达100厘米以上，是迄今商代陶缸中最大的。

盘龙城内仅有宫殿建筑，具有宫城性质；城外则是居民区和手工业区，反映这一古城尚属早期城市的形态。盘龙城遗址在城墙的夯筑技术、埋葬习俗、陶器特征、青铜工艺、玉器风格等方面，均同黄河中游的郑州商城二里岗上层文化具有明显的一致性，而宫殿的营建手法则同偃师二里头遗址、郑州商城、安阳小屯宫殿基址的建筑技术属于同一个传统，证明商代中期时商文化确已分布到长江流域。同处长江中游的不少同时期的遗存，虽曾直接或间接受到中原地区二里岗上层文化的强烈影响，但遗址中的大量灰白陶和印纹陶，均系本地原有早期文化因素的继续。盘龙城遗址的内涵，则基本为二里岗上层文化因素，属商文化系统，仅红陶缸的比例远远大于黄河中游，说明仍具有自己的特色，所以，此地大概是商人在长江之滨建立的一个重要方国。

铜 簋

盘龙城是中国唯一一座基本未受到破坏的商代早期城市遗址，其灿烂的青铜文化、发达的农业、手工业、商业以及完备的城邑形态和功能，对研究城市文明发展史具有极高的学术价值。它的城址规模不大，但“五脏俱全”，宫殿区、手工作坊区、生活区、墓葬区分布明显，开辟了我国前朝后寝等的宫殿建筑的格局形式，其基本布局与商朝王都郑州商城相仿，但却保存了比郑州商城更原始的城市历史形态，因此被誉为研究我国早期城市和国家形态的一只“麻雀”。

商代城址

目前国内发现的商代城址有河南偃师、郑州二里岗、郑州小双桥、安阳殷墟、安阳洹北、焦作府城、山西垣曲、夏县东下冯、湖北黄陂盘龙城、四川广汉三星堆等十余座，这些城址中大多数是有城垣的，也有少量未见城垣，如安阳殷墟、小双桥等，但并不影响它们作为古代城址的性质认识。由于夏代城址非常少见，只在东部个别地区存在，所以商代城址就成为探索我国城市起源重要环节的重中之重。

027 长江青铜文明的宝库——新干大洋洲商墓

大洋洲虽然偏南远离商王朝统治核心，但大墓中的青铜精品堆积如山，比中原地区毫不逊色。

四足铜甗

新干县位于江西省中部、赣江中游，自古为赣粤交通要道上的重地。20世纪80年代，在县境内大洋洲乡赣江东岸的沙丘上，发现了一座东西长8.22米、南北宽3.6米、带有二层台的一棺一椁形式的商代晚期大墓，墓内随葬品异常丰富，青铜器数量达480余件，是江南地区商代青铜器的一次重大发现，也是国内目前在同一遗迹单位内出土商代青铜器最多的一次。

大洋洲商墓所出土的青铜器，工艺精美，品种繁多。礼器有鼎、鬲、甗、簋、豆、匕，酒器有罍、瓿、卣、壶、瓒、勺；乐器有镈、大铙；兵器有胄、钺、戈、戟、矛、长刀、短剑、镞；用器有杖首、炭箕、厨刀；工具有斧、钻、凿、刻刀；农具有耜、臿、犁、镰等。此外还有许多饰件和青铜杂器。大洋洲商墓的青铜器多成组成套。如夔形足扁足鼎，有大小不同30多件。与鼎配合使用的匕也有多件，重叠放置。有的器类有几种形制，如工具中有形状、尺寸都有差异的钻，有平刃、斜刃的刻刀等。

乳丁纹虎耳方鼎

商代的青铜农具出土极少，原因在于农具作为生产活动中的实用器，在破损后无法修复而只能回炉重铸，很难得以留存；二是在商周时期，青铜制品还很珍贵，青铜主要用来铸造礼器和兵器，首先满足祭祀与战争这样的国家大事，农具仍以石、木等质料的器具为主；三是中原一般不用农具来随葬，目前所见的一些农具也主要是出自遗址和窖藏。大洋洲商墓农具众多，堪称农业考古上的重大发现，更是同时期其他青铜文化中少见的。其中镰的形制，是后来流行于长江下游镰的前身。青铜犁也是时代较早的器类。农具中的臿，也有不同的造型。铜耒是目前出土的商代青铜耒中唯一的一件，也是目前所见年代最早的青铜耒。

三足提梁卣

大洋洲商墓青铜器中有不少大型器物。其中的大方鼎形制宏伟，通高97厘米，重49.2千克，方腹平底，鼎耳上各铸一卧虎。方腹的四面都饰有兽面纹和乳钉纹，四足饰羊角兽面纹。大甗通高110厘米，重78千克，上部为大口盆形的甑，下部为鬲，两部分合为一体，四个袋足。除耳上双鹿以外，整个器物一次浑铸成形，纹饰精美，堪称“中华甗王”。方卣，通高29厘米，细颈方腹，提梁贴靠颈侧，梁端为龙首形，盖纽与梁间有蛇形绊链，饰饕餮纹，圈足饰镂空云纹，腹面有孔，内部有十字形管道，底部也是双层，便于用炭火或沸水加温。饕餮纹小方鼎，底部也是双层，两底间的腹面设一小门，可以向上揭开，将炭火置入加热。青铜器的装饰工艺也很发达，戈与大钺上分别有嵌绿松石和嵌红铜的花纹，铜器表面装饰富有地方特色的燕尾纹、编织纹、变

虎耳虎形扁足圆鼎

形，个别还有扁足作鱼形的，更为特异，不见于中原地方。乐器中的大铙，在商代是南方特有的器种，三件铙纹饰彼此不同，有的饰有云纹、联珠纹、有的饰勾连雷纹，是前所未见的精品。青铜礼器表达了对虎的崇拜，以虎的形象为主题图案是大洋洲青铜器独有的装饰特点。虎或以立体的形式出现于青铜容器的耳部，或简化为虎头兽面纹饰于器物腹部，或变形为虎足支撑铜鼎。其中一只双尾虎是新干商代大墓的象征性器物，它长近一米，高约半米，虎背上伏着一只小鸟，看上去更像一只大猫，不仅不凶恶，还十分可爱，而且这只老虎还有两条平行并列的尾巴。

兵器的特色更多。墓中有一些象征统治者权威的器物，如象征兵刑权力的大钺等。戈均系直援无胡，有方内、曲内两大类。其中曲内戈，内体兽面纹、阴刻云雷纹和立体圆雕虎等动物形象。

大洋洲商墓的青铜器许多与中原商文化的器物相同或类似，但又有不少明显的地域特征。如在礼器的组合上，绝大多数是食器，酒器只占了很小的比例，并且只有盛酒器与注酒器，而缺少饮酒器，一般常见的尊、觚、爵、角、斝等器类组合都不多见，与中原地区青铜器中酒器占大部分的情况形成了巨大的反差。即使是形制和中原类同的器物，不少也有特别的装饰或花纹，如器耳上多附加虎、鹿一类动物形饰，纹饰间多有燕尾纹、阔口的牛首纹等。食器中扁足鼎尤为多见，有大小不同的几十件。鼎耳上都饰立虎，扁足作浮雕状的夔

铜　镈

兽面纹虎耳方鼎

作无角兽首形，显示利齿。长刀形状狭长，前端钩卷，背上有插入柲内的片状环。戟为浑铸，以直援的戈与长刀合为一体。兵器中的短剑尤其值得重视，这种短剑的剑身下端平直，有短茎，比西南地区出土的早期柳叶形剑、周初的柳叶形剑更近于东周流行的剑的形制。这种短剑的发现，为东周剑的起源提供了新的线索。个别兵器上铸有符号，类似于当地陶文，可能是文字。

在大洋洲商墓中还出土不少形式特殊的礼器。一件青铜人面高60厘米，作两面相同的人面形，中间有管上下通贯，可插入木质杆状物。人面顶上有双角，角上饰云纹，双目圆睁，尖耳阔鼻，张口，露出牙齿，有一对卷弯的獠牙，可能与当时的祭祀崇拜有关。还有瓒，前部形如粗矮的觚，后有长柄，系举行隆重的祼（guàn）礼时所用，甚为罕见。每当盛大的祭祀时，君主用瓒从罍等大型贮酒器中舀取鬯（chàng）酒，然后缓缓地将酒注于地上，以祭享自己的祖先，称为祼礼。这样的墓主一般身份很高。

新干大洋洲商代青铜大墓是目前已知商代遗迹大规模分布的最南端标志性实物，填补了关于江南商代遗迹分布研究史的一大空白，其惊人的发现可与河南安阳殷墟妇好墓相媲美。青铜器数量之多、造型之奇特、纹饰之精美，堪称中国南方青铜器的杰出代表，并有“北有妇好、南有新干”的美誉。新干大墓出土青铜器不仅融合土著与多元文化因素为一体，而且呈现出了“多、奇、精、美”等特征，充分说明了墓主强大的势力和显赫的地位，可能是商王朝江南的一个方国。它的发现，弥合了江南文明史的断层，成为揭开3 000多年前长江流域文化之谜的重大依据，它融合了黄河流域、长江流域和土著等诸多文化因素，成为探索华夏文明“多元一体”发展格局的重要物证。

方　国

方国是夏商等中原王朝对于在地理分布上位于王朝势力范围的边缘或以外的部族的称谓，如人方、鬼方等。某些方国在某个时期可能是臣服于中原王朝的，但同时也有不少方国在某个阶段并不服从于中原王朝管辖，或是独立于王朝之外，甚至与之发生战争的，这样就构成了“方国林立”的特殊现象。

028 古蜀国的神话世界——三星堆

巴蜀两国早见于历史，但真正的面目却并不为人所认识，三星堆出土的精致铜器第一次向世界展示了蜀国文化的发达与独特。

提起蜀国，马上会令人想到李白“蜀道难，难于上青天”的诗句，那么在如此难行的蜀道终端古代蜀国又是什么样子呢，三星堆遗址的考古发现让人们真切地感受了一番那些曾经有过的灿烂与辉煌。

在四川广汉市东南约三公里，有三座突兀在平原上的黄土堆，三星堆因此而得名。这里是商代的一座城址，自20世纪30年代以后曾多次发现埋放玉石器和青铜器的祭祀坑，80年代中期两座年代相当于商末周初的大型祭祀坑惊现于世，出

神人头像

凸目铜面具

土有大量金器、青铜器、玉石器、象牙、海贝、陶器等共1 700多件。金器中有制作精美的杖、面罩、虎形装饰。青铜器除罍、尊、盘等容器外，还有大小人头像、立人像、跪坐人像、人面像、人面具、兽面、眼形器、眼泡、太阳形器、神树、神坛和神殿等前所未见的新奇造型。玉器也是主要发现之一，有600多件，造型有璋、琮、瑗、璧、斧、戈等。此外，还有象牙80多根，海贝4 000多枚。

三星堆出土的大量青铜器中，基本上没有生活用品，绝大多数是祭祀用品，带有不同地域的文化特点和浓厚的神话色彩。器形高大、造型生动、结构复杂是主要特点。三星堆器物的一个奇特之处，是出土了数量众多的青铜面具。面具几乎全是粗眉毛、大眼睛、高鼻梁、阔扁嘴，两只耳朵上各有一个小孔，表情似笑非笑，似怒非怒，极具威严。

2号祭祀坑中出土的立人像，重180多公斤，是青铜铸成的一尊细而高的人像，连底座高2.62米，人像净高1.7米，这样高大的青铜铸像在商代青铜器中是独一无二的，也是世界上现存最高的古代青铜像。其相貌直鼻大眼，方颐大耳，头戴兽面形高冠，身着左衽衣服，分为三层，最外层衣服近似“燕尾服”式的袍子，佩脚镯，光着脚，

神　树

玉　璋

向外凸出，其面容十分狰狞、怪诞，可谓青铜艺术中的极品。

青铜神树高3.8米，共三层，分为九枝，每个枝头上站立一只鸟，枝下硕果钩垂，树干旁有一条龙援树而下，十分生动，内容反映的应是《山海经》中太阳在扶桑树里洗澡的神话故事，树上停的可能就是代表太阳的“金乌”神鸟。

三星堆遗址中表现眼睛的遗物数量众多。如大面具，眼球极度夸张，瞳孔部分呈圆柱状向前凸出，长达16.5厘米；凸目铜面具，双目凸出的圆柱长9厘米。此外，还有数十对眼形铜饰件，包括菱形、勾云形、圆泡形等十多种形式，周边均有榫孔，可以组装或单独悬挂、举奉，表现了三星堆人对眼睛特有的重视。眼睛纹常常作为主题花纹出现在重要图案的中心部分，如大立人像头顶花冠的两侧、身披法衣的双肩中心等。这些实例证明，崇拜眼睛是三星堆人信仰观念中的一项重要内容。这种崇拜的社会内涵和精神实质，可能是对以纵目为特征的蜀人始祖之神“蚕丛氏”的崇拜。“纵目”就是眼睛

站在一个高高的底座上。铜人两臂平抬，两手一高一低，呈持握状，似乎在执物奉献祭祀。推测是一个出现在祭祀场合中的巫师或神，不是平常人。

与铜人像同出的大型兽面具宽1.38米，重80多公斤，造型极度夸张，方形的脸看起来似人非人，似兽非兽，角尺形的大耳高耸，长长的眼球

主体的巴蜀符号，逐渐具有了神圣的宗教符号的意义。巨大的人手又主要出现在具有巫祭身份的青铜人像、刻画人像上，突显了神职人员的特殊法力和半人半神的社会地位。

对鸟的崇拜在当时也十分盛行。最突出的是神树上的立鸟，最多的有9只，均作展翅欲飞状，爪下为成组的仙果和象征太阳的光焰状圆环，有的呈现为人首鸟身的精灵形象。这些立鸟可能具有神的使者、太阳负载者和氏族图腾等多方面的文化内涵。在神坛方型顶部的四个立面正中，也有一只双翅展开的人首鸟身像，它应是神坛上的一位主神。金杖长1.42米，有两只相向的鸟，两背相对的鱼，同时有充满神秘笑容的人头像，一只羽箭将鸟和鱼组合在一起，刻画于象征王者的头像之上，显然是一种图腾。它们所代表的正是古代蜀国

铜 罍

凸出。有人研究认为蜀王蚕丛很可能是一个严重的甲亢病患者，生前眼睛格外凸出，而他的后人在塑造蚕丛神像时，抓住了这一特点并进一步“神化”。铜面具眼睛瞳孔部分一定要作圆柱状凸出，正是符合了古代蜀王蚕丛的形象特征。

三星堆器物中还特别强化了对人手的夸大和神化。大型立人像就有一双超过正常比例一倍以上的大手，平举在正前方视线焦点的显著位置。神坛上成排的小人像、神树基座上跪祭人像也都有一双超比例的大手。在大神树巨龙身上，长有一只平伸的巨大人手。大铜人身披的法衣上面飞龙的前后爪也都呈现为握作空拳的人手。一件玉璋之上，有八只巨大的人手，从天而降，握成空拳，拇指按在神山的外侧。这些手势的重复出现，说明它们已经成为一种与神交往的形体语言，而从天降下的大手和人兽合体上面的人手，则证明人手已升华为神手，并在后来形成以手纹等为

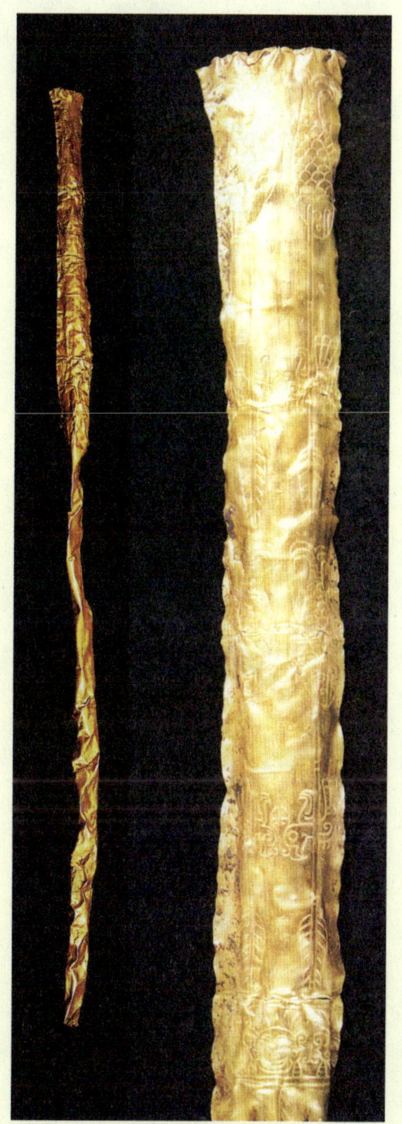

左 金杖　右 杖顶花纹

贴金铂神人头像

统治集团“鱼凫氏”的族徽。

三星堆遗址的发现填补了中国考古学、历史学、美学等诸领域的重要空白，验证了古代文献中对古蜀国记载的真实性，令人重新认识巴蜀文化，表明在夏商时期甚至更早的阶段，这里都是一个重要的文化中心，并与中原地区保持着密切的联系。青铜容器具有中原殷商文化和长江中游地区的青铜文化风格，其余的器物种类和造型都具有极强烈的本地特征，可能受到来自西亚、近东、欧洲等异域文化的影响。祭祀坑出土的象牙、海贝等表明古蜀国与周边国家甚至更远的地区已有了广泛的商品交流。

三星堆祭祀坑中的大部分器物都是古蜀国王室的宗庙重器，大多被事先破坏或烧焦，可能是遭遇改朝换代，新王朝将前代王室的宗庙重器全部焚毁，在举行祭祀仪式后埋入坑中。也有人认为就是祭祀坑，是蜀人祭祀天地山川诸自然神祇的遗迹。青铜的人头像、人面像和人面具代表被祭祀的祖先神灵,青铜的立人像和跪坐人像则代表祭祀祈祷者和主持祭祀的人，眼睛向前凸出的青铜兽面具和扁平的青铜兽面等可能是蜀人崇拜的自然神祇等，这是早期蜀人最主要的精神世界。

太阳形铜器

巴　蜀

先秦时期地区名和地方政权名。分别在今四川、重庆境内。东部为巴，西部为蜀。现代人还以“巴山蜀水”来指代四川和重庆。巴蜀文化是与中原有别的另一民族文化，但也受到中原文化的影响。蜀的先祖是“蚕丛氏”，传说教民蚕桑。巴国的始祖是“廪君”，以彪悍好义为性格特征。

铜立人像

029 文武二王的建都之地——丰镐遗址

周代文王武王留下的历史故事最多，功业也最伟大，他们的都城历来是现代人关心的热点。

车马坑内的轮舆痕迹

丰镐是西周的都城，称宗周，位于陕西省长安县沣河两岸。城址由两部分构成，分别为文、武二王所建的丰京与镐京。丰在河西，镐在河东，合称丰镐。丰、镐二京相距甚近，以一桥相通，是一个城市的两个不同功能分区，丰京是宗庙和苑囿的所在地，镐京为周王居住和理政的中心。遗址面积约15平方公里，年代约公元前11世纪至前771年，是西周王朝的政治、经济、文化中心。

丰镐都城建有宗庙、宫殿以及大型池苑等一系列建筑，以周天子为首的贵族们在这些地方举行册命、庆功、赏罚、祭祀、出征等活动。《周礼·考工记》详细记载了丰镐的平面布局等情况，是中国城市平面布局最早、最完整的记载：都城方九里，每边辟三门，城内纵横各九条街，王宫居中，左为祖庙，右为社坛，前为朝

铜牺尊

东西平行线上的有4号建筑，共同组成建筑群组，两者存在一定的联系，4号建筑有象征高等级宫室建筑的大型石柱础。这些建筑群屋顶均施瓦，有较完善的排水设施。陶水管长1.07米，两端口粗细不一，便于套接，口径分别为0.32和0.22米。板瓦的出现是建筑材料上的重大突破，长约0.45米，宽约0.3米，表面饰绳纹，有瓦钉或瓦环等附件。

丰镐都城一带还有供天子渔猎游玩的苑囿。《诗经》中记载丰镐有“灵囿”，苑内草木繁茂，獐鹿成群。灵囿内还建有“灵台”，是一座巍峨的建筑，台高6米，周边长度166米，至今在地面上仍然保存有较高的台基。苑囿之内有水泊，名“灵池”，池边飞鸟丛集，池中游鱼竞跃，此时期墓葬中的青铜器上也记载了周王在池中泛舟渔猎的情景。

丰镐遗址也有较多的公共墓地，王室贵族有带墓道大墓，平面分为“甲”字形

兽面纹玉饰

堂，后为街市，是中国都城平面布局的经典，城市的总体形式已经有一定的规划，布局规整有序。

已发现大型夯土基址30多处，往往数座连成群，可能是宫殿、宗庙等建筑，夯土基址附近有陶质排水管、板瓦和白灰面墙皮等建筑遗存。最大的宫殿基址是沣东5号宫室建筑基址，总长59米，宽23米，面积1 300多平方米。宫室建筑面积为850平方米，平面呈“工”字形，由主体建筑和南北对称的附属建筑、夯土墙及墙基组成。它建筑在高约1.5–1.8米的大型夯土台基上，台基的主体部位高达5米左右，建筑规模宏大，布局错落有致，被认为是天子的宫殿，建筑年代在西周中期偏晚，可能毁于公元前841年的“国人暴动”或西周末年的犬戎之乱。与它相距不远、并且同处于

长囟铜编钟

与“中”字形两种，一般有车马坑、马坑、牛坑陪葬，多出有成组的青铜礼器、兵器、工具、车马器及玉石装饰品、漆器和陶器等。墓葬多为长方形土坑竖穴，流行单人仰身直肢葬，也有少数为俯身直肢葬，头向不固定。随葬品多放在头前、棺内或棺椁之间，兵器放身旁，祭食放在头前二层台上或容器内。墓有殉人，一般1人，多则殉3人。车马坑有方形、扇形、长方形3种。方形与扇形坑通常埋1车2马，长方形竖穴中则埋2车4马、2车6马或3车8马。车厢下常有殉人。马坑多长方形竖穴，内埋马2匹。牛坑为圆形或长方形，内埋牛1头。早期墓常见有腰坑，并有殉狗、殉人等现象，用于陪葬的车马坑也多属早期，随葬品的组合主要是鬲、簋、罐，少数加豆。晚期墓大都是小型墓，陶器组合为鬲、豆、罐和盂等。

遗址中还发现有多处埋藏青铜礼器的窖藏，出土青铜器近百件。这些青铜器种类繁多、造型精美，铭文中记载了西周王朝及方国的一些重要史实，具有极高价值。其中铜鼎最重达80

交工鼎

组合玉佩饰

玉 戈

多公斤，是王室使用的重器，鼎上有铭文270多字，记载厉王时期反击犬戎族入侵的事件，铜盂铭文则记载了周王后宫遴选宫人、宫婢之事，是有关西周宫廷制度的宝贵资料。

除了大型宫殿建筑以外，丰镐城中也有众多的小型居址，可分为土窑式和半地穴式两种。土窑式居址系先在地面挖一口径5–9米、深约5米、平面为椭圆形的深坑，再从一壁掏出窑洞，坑底有一条供出入的土坡道将住室分为两半，坑底不平，常有1–3个灶。半地穴式居址有方形、长方形和圆形3种，地面平坦，周壁垂直，有斜坡门道。居址附近常有窖穴和水井。窖穴多圆形袋状，底径1–2米，内常出完整的陶器。水井有圆形和方形两种，深在9米以上，井壁有对称的脚窝。发现铸造青铜器的陶范和未经烧制的瓦坯碎块和陶窑十几座。

丰镐遗址出土遗物相当丰富，包括有石器、铜器、陶器、骨、角、蚌制品、原始瓷器及各种质料的装饰艺术品等。石器有斧、锛、凿、锤、铲，其中石锤斧是周文化中具有代表性的传统器物。刀、镰则以蚌制品为主，也是西周文化的突出特征。此外还有磨石、纺轮和铜、骨、角制的锥、针、网坠等。铜铲则仅发现1件，极其罕见。陶器有鬲、甗、鼎、甑、簋、豆、盂、罐、尊、瓮等。铜容器与原始瓷器多出自墓葬和窖藏。装饰艺术品有大理石雕制品、骨雕马头、泥雕牛头、骨笄、料珠、玛瑙珠及其他玉石饰件等。周人崇尚占卜，卜骨上多钻凿与灼烧兼施，卜甲则只施方凿和灼烧，少量卜骨上刻有文字。

据说丰镐都城的旧址是当初商王朝的北部方国——崇国，北伯侯崇伯虎镇守在此，保卫着商的北方边界的安

孟簋

全，成为周进攻商朝最大的障碍，于是周文王时期首先击败了北伯侯，占据了崇国。为了摆脱战争供给上的不便，文王决定将崇国改名丰京，将都城迁到这里，从而扼住了商朝北方的门户，为最后消灭商朝打下了坚实的基础。武王时期除了保留丰京原城外又将都城重心从沣西迁到沣东，扩大了都城的范围和宫殿的规模，为周的强盛创造了更大的发展空间，终于击败商朝，取得了天下。所以，丰镐都城的建立，宣告了商王朝六百年统治的终结，奠定了周王朝八百年江山社稷的基础，也揭开了此后十余个王朝在今天陕西建都的历史，其意义非比寻常。虽然没有找到城墙的迹象，但丰镐遗址仍然不失为中国历史上规模宏大、布局整齐的大城市之一，它开创了中国城市平面布局方整、宽畅、宏伟的先河，成为后代城市总体布局的楷模。

玉龙

周的起源与发展

周是一个古老的部落，始祖名弃，传说是尧、舜时代的农师，被尊为农神“后稷”。周人本来活动于陕西、甘肃一带，由于受到戎狄等游牧部族的侵扰，其首领古公亶父率全族迁至今天的扶风、岐山一带，史称“周原”，从此不断壮大。在周文、武王时期周逐渐取代商成为中原地区的主宰。

030 桐叶封弟　晋始都唐
——北赵晋侯墓地

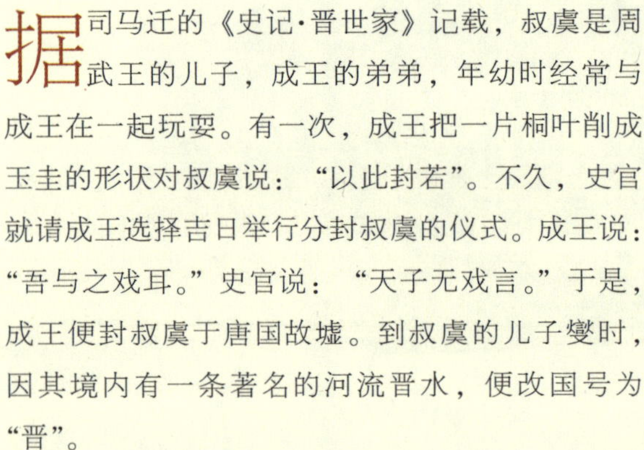

晋是周王朝的重要封国，曾经一度繁荣昌盛，晋侯墓地充分反映了这一点。

据司马迁的《史记·晋世家》记载，叔虞是周武王的儿子，成王的弟弟，年幼时经常与成王在一起玩耍。有一次，成王把一片桐叶削成玉圭的形状对叔虞说："以此封若"。不久，史官就请成王选择吉日举行分封叔虞的仪式。成王说："吾与之戏耳。"史官说："天子无戏言。"于是，成王便封叔虞于唐国故墟。到叔虞的儿子燮时，因其境内有一条著名的河流晋水，便改国号为"晋"。

是否因一句戏言，成王封弟于唐，已无从考证。但分封是事实，而且在西周初年的大分封中，晋国确是其中一个重要的封国。然而，叔虞始封地——唐，究竟在何处？司马迁在《史记》中只记载"唐在河、汾之东，方百里"，虽然汉代以后的学者都认为唐在今山西省境内，但关于其具体地点，说法颇多，莫衷一是。可见，有些问题仅依靠文献是无法解决的，这就需要借助考古学的力量。

新中国成立后，寻找晋文化的考古工作在晋南展开。1962年考古工作者在晋南发现天马—曲村遗址，位于山西曲沃和翼城两县的交界处，遗址面积近11平方公里，包括各类居址、作坊区、墓葬区。1963年首次发掘，1979年起连续发掘至今。研究者多认为天马—曲村遗址就是西周初年叔虞所封之唐。在位于北赵村的多座大墓连续被盗的情况下，北京大学考古学系与山西省考古研究所组成联合考

93号墓椁室器物放置情况

63号墓出土立鸟人足筒形铜器

古队，在1992-1994年，对该墓葬区先后进行了5次大规模的抢救性发掘，清理了8组17座大墓，出土的青铜器铭文证明它们是晋侯及其夫人墓。2000-2001年，又清理了1组2座晋侯及其夫人墓。总的算来，目前清理的晋侯及其夫人墓共9组19座，按坑位可分作南北三排。北排自东向西依次是13号、9号、6号、7号、33号、32号、93号、102号墓；南排自东向西依次是1号、2号、8号、31号、64号、62号、63号墓；在南北两排中间偏西处夹有91号、92号墓，在偏东处夹有114号、113号墓。除64号、62号、63号墓为3座墓东西并列成为1组外，其余均为2座墓东西并列成为1组，为夫妇并穴合葬墓。

墓葬均为长方形竖穴土坑墓，有1条或2条墓道，个别墓无墓道。葬具为木质的棺椁，为一重椁一重棺，或一重椁二重棺。棺椁周围多填塞青膏泥、积石、积炭以防潮。有些墓殉葬有车、狗等。值得一提的是，114号墓北侧二层台下发现1个坑，坑内有人骨1具，为一个殉葬的年轻女性。墓中有殉葬人在晋侯墓地仅见此一例。

随葬品有金、铜、玉、石、牙、骨、陶器等。其中铜器最多，有容器、乐器、兵器、车马器等，以容器和乐器最重要。很多铜器上都有重要铭文，内容涉及晋侯的活动，多有晋侯之名。8号墓出土的晋侯苏钟具有重要意义。这套编钟共两堵16件，其中14件被盗而流散境外，后由上海博物馆购回。钟上有长篇铭文，详细记载了王33年，晋侯苏率兵随周王巡省疆土，并受命伐夙夷立功受赏之事。铭文对西周铜器断代、西周历法及方国史的研究都具有极高的价值。64号墓出土的8件一套编钟，铭文内容与楚公逆有关。史载晋、楚两国交往的最早时间不超过春秋早、中期之际，然而楚公逆所处的时代相当于西周晚期宣王之世，在晋侯墓中出土楚公逆的编钟，至少将晋、楚交往的历史提早至西周晚期。晋侯墓还出土了一批造型奇特的青铜器，其中很多为青铜器中首见。如8号墓出土的3件兔尊，以兔为尊，在青铜器中尚属首例。63号墓出土的筒形器，盖上有立鸟为纽，盖和口沿各有一对贯耳，下有方座，四面各有一裸体人形足，方座内挂两只小铃。这种铜

8号墓出土晋侯苏铜甬钟

62 号墓出土缀玉覆面

器造型前所未见，其功用还有待进一步研究。

晋侯墓出土了大量精美的玉器，包括璧、璜、琮、圭、戈、环、玦、玉人、组玉佩、缀玉覆面等。比较重要的是组玉佩和缀玉覆面。63号墓出土的一组玉佩饰，由玉璜、玉珩、玉管、料珠、玛瑙管组成，共204件，其中最大的璜，长达15.8厘米。纹样多用双勾技法雕刻，工艺精湛。组玉佩下端有两件玉雁，形象活泼。缀玉覆面是盖在墓主脸部的，其中62号墓所出的缀玉覆面为晋侯墓地最精彩的一组，由48件形状多样的玉片缝缀在布帛上组成人面形。眉、眼以碧玉制作。玉片多雕刻有纹饰，制作精细。最具特色的是，在63号墓出土的一件铜盒内装满了各类玉质小件器物，有玉人、熊、牛、马、鹰、龟等多种造型，其中大部分是商代的典型玉器。这些玉器墓主是如何得来的，仍是个谜。可以肯定的是，这些玉器被单独放在一处并用来随葬，它们应是墓主生前钟爱之物。

8 号墓出土铜兔尊

晋侯墓中出土陶器不多，也没有玉器和铜器精美，但对考古学断定年代具有重要意义。尤其是陶鬲，使用时间长，形式变化多样，是周代考古断代的标准器。其中7号墓出土的一件陶鬲，卷沿，深腹，连裆较高，三足呈锥形，鬲身加有三个小扉棱，是西周中期较为典型的连裆鬲。对晋侯墓出土陶鬲进行早晚顺序的排定，为一些没有纪年材料出土的墓葬的断代提供了重要参考。

据《史记·晋世家》记载，晋自叔虞始封于“唐”，至文侯共历十一侯，文侯以后，晋国迁都新田，又在新都附近另辟公族墓地。晋侯墓地起止年代大体是从西周早中期之际至春秋初年。研究者多认为墓主为唐叔虞或晋侯燮、武侯、成侯、厉侯、靖侯、厘侯、献侯、穆侯、文侯这9代晋侯及其夫人。

晋侯墓地无疑是20世纪西周考古最重要的发现之一，为研究晋国考古乃至整个周代考古提供了重要的实物材料，具有重大意义。晋国迁都新田以前的都邑所在一直是学术界广为关注的问题，这次晋侯墓地的发掘，以确凿的实物资料证明，晋国始封地——唐，应在晋侯墓地附近。新的发现解决了一些问题，但提出了更多的问题。为什么出土铜器铭文中的晋侯之名多数与文献所记晋侯之名不符？晋国早期都城的城墙、宫殿在哪？这些谜底的揭穿，还要靠进一步的考古发掘和深入的研究来逐步解决，这种探索永无止境，这就是考古的魅力，也是科学的魅力。

63 号墓出土龙耳人足铜方盒

人殉和人牲

人殉是用活人来为死去的氏族首领、家长、奴隶主或封建主殉葬；人牲是用活人来祭祀祖先(人鬼)、神灵或自然界万物。殉人基本上是主人的近亲、近臣和近侍；而人牲则主要来源于战争中的俘虏，或由俘虏变成的奴隶。在中国，二者大约都出现在4 000多年前的原始社会末期，商周时期广泛流行，东周时期日益遭到社会舆论的反对，逐渐走向衰落。

031 "假途灭虢"背后的繁华——三门峡虢国墓地

假途灭虢的成语故事让人形成一种错觉，似乎虢国很弱小，其实它也曾经很繁荣，其国君墓地出土文物非常丰富。

春秋时期，晋献公想吞并虢国，以夺取函谷关等军事要地，于是他向虢国的邻国——虞国国君借道。有了虞国的帮助，晋国很快就消灭了虢国。但在回师途中晋军却发动突然袭击，俘虏了虞国公，又顺利地灭了虞国，创造了一石二鸟的经典战役，同时也留下了"假途灭虢、唇亡齿寒"的千古遗训。这个虢国就位于今天的河南省三门峡市。

虢国不复存在，然而故事却并没有结束。20世纪50年代和90年代，在三门峡上村岭等地发现了西周晚期至春秋早期的虢国贵族墓地和虢国都城上阳城遗址，从而再次把虢国推上了历史的前台，向人们展示了西周春秋之际虢国的历史、文化，特别是提供了古代诸侯王墓葬制度的重要资料，成为20世纪中国考古大发现之一。

虢国墓地是一处排列有序、等级分明且保存完好的大型邦国公墓。墓向均朝北，个别墓有腰坑或壁龛，腰坑内埋狗，也有殉狗但不挖坑。大型墓重棺单椁，中型墓单棺单椁，个别墓有棺无椁或无棺椁。有的椁内外有铜椁饰。装饰品多放在棺内，而青铜礼器及武器、车马器等都放在棺椁之

铜列鼎

墓室内的玉器

间，二层台上放置陶器。墓地总面积32万平方米，国君与一般平民同处在一个墓地内，沿袭了古代族葬制的传统，但二者之以界沟相隔，以示尊卑之别，因此墓地被分为南北两区，高等级的墓葬都位于北区。发现了两座国君墓、一座国君夫人墓、两座太子墓在内的250余座贵族墓葬，出土各类珍品2万多件。墓葬中最具代表性的是国君虢仲与虢季的大墓。

虢仲墓为土坑竖穴墓，墓口长5.6米，东西宽4.4米。墓底略大于墓口，南北长6米，东西宽4.62–4.92米，深19.3米。墓穴四壁以淡绿色颜料进行涂抹。葬具为重棺单椁，外加大型棺罩,内外棺之间填塞不少丝织物。随葬品异常丰富，主要是青铜器与玉器，层层叠叠堆满整个墓室,依其用途的不同，分别放置于棺椁之间、棺罩及其周围、外棺盖上、内棺盖上、内棺内等五处。

棺椁之间：主要放置铜礼乐器及铜兵器、工具、车马器等。礼器有鼎、簋、鬲、盨、匜、方壶、圆壶、盘、盉、甗、方彝、尊、觚、爵、觯等，仅鼎就有29件。簋与鬲均为6件，分别为形制、纹样、大小均相同的列簋与组鬲，簋上铸有铭文。盨有4件，均铸有“虢仲作虢妃宝盨，子子孙孙永宝用”的铭文，器形巨大，保存完好，是同类器物中最大的。乐器铜编钟，有甬钟与钮钟各1套，均为8件，是考古发掘出土的年代最早的两套编钟，钮钟有铭文，最长的60多字。另外还有石编磬2套16件，铜钲1件。

棺罩：有铜铃、铜鱼、石贝、陶珠

龙凤纹玉璋

等，均带穿孔，原有细绳以悬于棺罩之上。棺罩上还覆盖带有图案的丝织品与麻布制成的荒帷。

外棺盖：器物分为上下两层，上层器物主要为铜器，放在素色粗麻布与丝织物之上，有铜棺饰、铜车马器軎、辖、衔、镳以及作为兵器饰件的铜锡等。下层器物多为玉器，也有少量木器。器物下面铺有数层麻布，有玉戈、匕、柄形器等，个别上面有墨书文字，写送葬者的姓名及所送物品的名称。

内棺盖：放置玉器，数量很多，有戈、戚、璧、璜等礼器与龙、虎、龟、鱼、凤、鸟等动物形玉饰。

内棺内：由上至下可分为殓衣衾上、殓衣衾中、人身上与人身下4层，分别放置不同种类的玉器。殓衣衾上主要放置动物形玉雕；殓衣衾中主要放置礼器；人身上放置一组六璜联珠组玉佩，头部有玉发饰、口内有玉贝和玉珠。头部有幎(mì)目缀玉，颈部有项饰，手部有握玉，脚下有踏玉，脚趾之间有夹玉，胸、腹、股骨间放置多件玉戈、玉璧；人骨架下面放置玉璧、戈、玉鱼等。

玉器分白、青、黄、碧等玉种，大部分为新疆和田玉，其玉质之好、数量之大、工艺之精、串联方式之复杂，在周代考古中是比较罕见的。其中的龙纹玉璧，双面饰抽象变形云龙纹，整器圆度规整，纹饰流畅大方，富有动感。青色饕餮纹玉斧，羊脂白玉钻等，无任何使用痕迹，是作为一种标志礼玉在特定场合使用。两件玉握最为典型：右手为和田青玉，呈圆管状，周身饰旋转龙纹，是西周时期的典型器物；左手为和田青白玉，呈圆角方管状，周身饰8周弦纹，两端分别饰4只蝉纹，为商代遗物。仿生动物玉雕最为传神，有神秘莫测的玉龙，凶猛咆哮的玉虎，展翅欲飞的玉鹰，活泼可爱的玉兔，造型各异的玉鹿以及玉鼠、玉牛、玉蛇、玉羊、玉猴、玉蜘蛛、玉蜻蜓等，种类几乎囊括了我国北方地区全部常见动物。

动物形玉雕

七璜联珠组玉佩

此外，玉册上有用毛笔书写的“南仲”字样，是我国目前发现最早的毛笔字迹。

铁刃铜器也是重要发现，为铜铁组合器，有铜内铁援戈、铜铁叶矛、铜銎铁锛和铜柄铁削，其中一件为人工冶铁，其余三件均为陨铁制品。墓中还出土了陶、木、竹、蚌、麻、象牙等器物，有皮革制成的马甲与人的铠甲，特别是出土了一套完整的麻织品衣物，也是我国考古发现中最早的纺织品成衣。

虢季也是虢国的国君之一，他的墓葬形制与虢仲基本相同，也有自己的特色。它的随葬品总数近5 300件，仅青铜器就有2 487件，礼器有鼎、甗、鬲、簋、盨、圆壶、方壶、盘等，基本组合为7鼎6簋8鬲，还有两组乐器，即铜编钟一组8件，石编钟一组10件及铜钲1件。墓主头上有精美的缀玉面罩，人身上放置有一组七璜联珠组玉佩。它的车马坑是墓地中最大的，车有16辆，马有70多匹。墓葬中还出土了铜柄铁剑，被称为“中华第一剑”，是我国目前最早的人工冶铁实物。

虢国墓地的发现是国内同时期墓葬中首屈一指的，尤其是多组成套的铜礼器和大量的玉石器更是无与伦比，对后世的葬玉风俗影响极深。周代是严格讲究等级礼仪的社会，不同身份死者的墓在深度、规模、棺椁数量、随葬品的多少、尤其是列鼎数量方面有极大区别。虢仲生前曾任周朝的宰相，辅佐周王治理天下，权倾朝野、地位显赫，所以他的墓葬是一座等级仅次于周天子的高级贵族墓，死后墓中可以随葬7鼎6簋，是诸侯王的待遇。周代的虢国墓地严格遵守埋葬制度，是当时社会等级关系进一步制度化的反映。

铜方壶

列鼎制度

周代的礼制规定：天子用9鼎，诸侯用7鼎，大夫用5鼎，士用3鼎或1鼎，来区分不同的等级，称列鼎。与其配套的还有簋、鬲等礼器，“礼不下庶人”是贵族的专利，一般平民只能以日用陶器陪葬。春秋时期，列鼎制度逐渐走向没落，低级僭越高级成为一种普遍现象，在一些只相当于卿大夫的贵族墓里，居然用了9鼎、8簋、3套编钟等随葬，这种现象称“礼崩乐坏”。

032 湮没的音乐王国
——曾侯乙墓

曾国不见于文献记载，曾侯乙墓的发现让人们从实物资料方面了解到曾经存在过的曾国。

在秦统一之前的春秋战国时期，各诸侯列国林立，其中著名的大国是“春秋五霸”和“战国七雄”，而有些小国却失载于文献，消失在历史的长河之中。幸运的是，一些湮没于地下的遗存被考古工作者发现，从而惊悉一个曾经存在于战国时期的神秘王国——曾国。这个惊世发现在1978年，湖北省博物馆对位于湖北随州市西郊擂鼓墩附近的一座墓葬进行了发掘，发现这竟然是一座规模前所未见且保存非常完好的战国时期的诸侯大墓。

铜尊盘

该墓为岩坑竖穴木椁墓，开凿在红色砂砾岩的小山丘上，墓上的封土早已被夷为平地。墓坑规模非常大，平面呈多边形，面积达220平方米。由171根长条方木垒成的巨大木椁置于墓坑底部，共用木料约380立方米。木椁四周及椁顶填充木炭逾6万公斤，木炭之上为厚10–30厘米的青膏泥和厚约2.5米的夯土，夯土之上铺一层石板。石板之上的封土均经夯打。椁室分东、北、中、西4个室。主棺置于东室，为漆绘的内、外两重木棺。外棺外镶有青铜框架，棺盖四周有12个铜纽，棺底

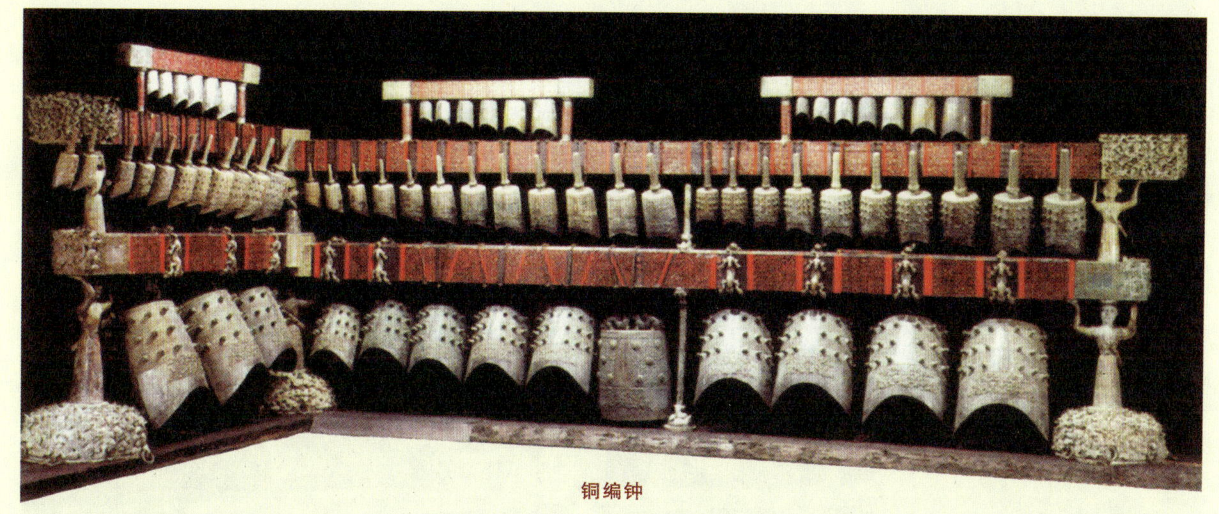

铜编钟

部有10个蹄形铜足。经鉴定，墓主为男性，45岁左右。与墓主相伴的殉葬人共21个，均为年轻女性，皆有木棺作为葬具，其中东室置8具，西室置13具。此外，主棺近旁还有木棺1具，素面无漆，内有狗骨1具。

墓中出土的大量精美的随葬品，主要放置于中室、北室和东室，西室仅有一些玉器、木梳、木篦等小件物品。东室主要放置琴、瑟、彩绘衣箱等漆木乐器和用具及少量兵器、马具，另外在墓主周围还散落有许多玉器、骨器、角器和小件金器。北室俨然是一个武器库，放置大量兵器、车马器、皮甲胄，还有一对青铜大尊缶和竹简。中室摆满礼乐器，有悬挂在立架上的编钟和编磬以及瑟、笙等乐器，还有鼎、簋等青铜礼器，均分类陈放，井然有序，生动地再现了这位古代诸侯“钟鸣鼎食”的奢华生活。

墓中出土的随葬品达15 400多件，仅青铜器一项即有6 000余件。这些铜器采用浑铸、分铸及浑分结合、焊接等多种方法铸造，个别的还采用失蜡法铸造。器物造型新颖、奇特，花纹繁复、绮丽，普遍使用浮雕、镂空和镶嵌绿松石、错金等技法来加以装饰，图案包括大量的动物纹样和几何图案。大型尊缶、联禁大壶和镬鼎器形庞大，堪称国之重器。由方鉴与方尊缶组合而成的冰鉴，设计精巧，分合自如，器身满饰精细花纹。尊缶内可盛酒，鉴、缶之间放置冰块用以冰酒。这件冰鉴集实用性、科学性和艺术性于一体，堪称盖世佳品。尊盘也是不可多得的艺术珍品，整件器物由众多部件分别铸出后焊接而成，其玲珑剔透的口沿附饰系用失蜡法制作，巧夺天工，表明早在战国时期，工匠们就已熟练掌握了失蜡法这种高超的青铜铸造工艺。

墓中出土的大量、成套的乐器，有编钟、编磬、鼓、瑟、琴、笙、排箫、篪，既有管弦乐器，又有打击乐器，不少乐器前所未见，是音乐史上的一次空前大发现，其中以保存完好的整套编钟

金盏与金匕

最为珍贵。编钟大小共65枚，其中最大的一件通高153.4厘米，重203.6公斤；最小的一件通高20.4厘米，重2.4公斤。整套编钟总重达2 500多公斤，规模巨大，铸造精良，保存完好，在考古发现上是绝无仅有的，被称为我国古代“编钟之王”。钟面均浮雕精美花纹，有的还镶嵌红铜。全部编钟分三层悬挂在高大的曲尺形铜木结构的钟架上，钟架由六个佩剑的青铜武士和几根铜圆柱承托。钟架旁还有6个“T”字形彩绘漆木锤和两根彩绘漆木棒，是用来敲击编钟的。钟上均有铭文，绝大多数为错金文字，共2 800余字，内容是关于音乐方面的，可分为标音铭文与乐律铭文两类。将标音铭文与实际测音相对照发现，编钟音律准确，每个钟都能敲出两个乐音，整套编钟的音阶结构与现今国际通用的C大调七声音阶属同一音列，总音域包括5个八度，中心音域12个半音齐备，可以旋宫转调。这套编钟音域宽广，音色优美，至今仍能演奏古今中外多种乐曲。乐律铭文中记有乐律名称50多个，其中多数是过去所不知道的，这些珍贵的文字资料对研究先秦音乐史具有极高的价值。墓中出土的竹管排箫、铜座建鼓、十弦琴、五弦琴等也都是首次发现。篪在已出土的同类乐器中年代最早。

椁室全貌

墓中还出土较多精雕细刻的彩绘漆木器，如头插真鹿角的木雕盘鹿与彩绘梅花鹿，头部能转动自如的彩绘鸳鸯形漆盒，以及浮雕盘龙与蟠螭纹的盖豆等。这些造型生动、雕工精细的艺术珍品，反映了战国时期木雕和漆艺的完美结合。在

铜冰鉴

玉佩饰

一件漆木衣箱上还有一幅写有“二十八宿”名称、当中绘北斗、两边各绘青龙、白虎的天文图像，对古天文学的研究具有重要意义。墓中还出土240多枚竹简，内容主要是记载用于葬仪的车马兵器。从简文可知曾国的有些官名与楚国的相同，反映出曾与楚的关系密切。其他随葬品像首次发现的古代铜兵器多戈戟、璀璨夺目的金盏、晶莹剔透的玉雕佩饰等也都是稀世珍品。

墓中所出土的许多青铜器上都有“曾侯乙”铭文，充分说明墓主就是曾侯乙。而根据楚王为曾侯乙制作的镈钟上的铭文，更确知此墓的下葬时间在公元前433年或稍晚。该墓的年代和墓主身份都很明确，为东周考古的分期断代研究提供了可靠的标尺。根据文献资料，东周时期随州主要为随国据有，不见有曾国的记载。而这座曾侯乙墓的发现，将一个深埋于地下2 400多年的古王国真实地展现在人们面前。加之随州及其邻近地区曾多次出土曾国铜器，表明曾国是一个富庶之国，礼乐典章齐备，青铜冶铸技术高度发达，曾经拥有辉煌灿烂的文化。但曾国是否就是史籍上所载的随国，为一国两名，抑或是另外一国，二者之间的关系究竟如何？这是曾侯乙墓给世人留下的一个最大谜团。

编　钟

编钟是我国古代重要的打击乐器，用青铜铸成，由若干大小不同的铜钟按照音调高低的次序排列起来，悬挂在钟架上，用木锤和木棒分别敲击铜钟，能发出不同的乐音，可以演奏出美妙的乐曲。编钟出现在商代，兴起于西周，盛行于春秋战国直至秦汉，自宋以来渐渐衰退。商代编钟多为三枚一套，后来每套编钟的个数不断增加。战国早期的曾侯乙墓出土的编钟，大小共65枚，是迄今发现的编钟中最引人注目的一套。古代的编钟多用于宫廷之中，在进行祭祀、朝聘、宴飨等活动时，都要演奏编钟。

033 寻找回来的历史
——战国中山王陵

中山国是北方少数民族建立的国家，国虽小但历史上却留下了不少传说，它的国王陵内也出土了不少与众不同的文物。

我们研究历史，就是想把已经失去的世界再找回来。历史犹如大浪淘沙，有些东西冲走了，有些东西留了下来。留下来的历史是文献古籍的记载和湮没于地下的遗存，而两者所提供的信息并不是完全对等的，有的是文献有载而未见遗存，有的是文献无载而有遗存发现，当然也有的是既有文献记载又有遗存发现，这就是常说的考古发现与文献记载可以相互印证。考古的重要作用就在于它能“穿越时空隧道”，将“古”、“今”的距离缩小，让我们重见古代，触摸古代。

根据《左传》、《史记》等文献记载，中山是春秋时期由北方民族建立的一个小国，建国时称为“鲜虞”，以后改国名为中山。大约在公元前409年，中山国被魏国所灭，但随后中山国又将魏人赶走，收复了自己的国土。大约在公元前296年，中山国再次被赵、齐、燕等国所灭。文献记载战国时期的中山国国都灵寿故城在现今的河北省平山县三汲乡一带。1974–1978年，河北省文物

青铜夔龙饰方壶

龙形玉佩

管理处在此处发现了战国时期中山国的都城灵寿故城，并发掘了1号、3号、4号、5号和6号等战国时期的墓葬及其附属的车马坑和陪葬墓。其中，在灵寿故城以西2公里处的1号墓即是中山国王的陵墓。灵寿故城内西北部的6号墓也是一座中山国王陵，但尚不能确定墓主为哪位国王。

1号墓和6号墓的上部都有夯筑的高大封土，其上再建“享堂”。其中1号墓的封土保存较好，南北长110米，东西宽92米，高约15米，呈三级台阶状，第1级台阶的内侧有宽约1米多的砾石散水，第2级台阶有壁柱和柱础等遗迹，顶部的第3级台阶则有叠压成鱼鳞状的瓦片堆积，可复原为一座周绕回廊、上覆瓦顶的三层台榭式建筑——“享堂”。两座墓的附近都有陪葬墓和车马坑。1号墓的东侧有陪葬墓2座，北侧有1座，西侧有3座；东南侧有车马坑1座；西侧由东向西依次排列有车马坑、杂殉坑、葬船坑各1座。6号墓的东侧有陪葬墓2座，西侧有1座；南面的两个坑可能为车马坑。

铜身铁足圆鼎

两座墓葬的形制基本相同，平面均呈“中”字形，中间为近方形的墓室，南北为两条墓道。墓壁抹草拌泥并用白粉涂饰。椁室均居墓室中部，平面近方形，其中1号墓的椁室用厚约2米的石块砌成。两座墓的椁室均被扰乱，从残存的痕迹看，1号墓的椁室内有4层套棺。1号墓全长110米，椁室南北长14.9米，东西宽13.5米，深8.2米。6号墓

错银青铜双翼神兽

一号墓墓室全景

青铜十五连盏灯

比1号墓规模略小一些。在两座墓的椁室两侧均另设放置随葬品的器物坑，其中1号墓椁室东侧有2个坑，西南侧有1个坑；6号墓椁室东、西侧各有1个坑。

两座墓葬出土的随葬品主要放置于椁室两侧的器物坑中，数量惊人，总数竟达19 000多件，包括青铜礼器、乐器、生活用器、雕塑以及玉石器、漆器、陶器等。其中最为重要的是1号墓出土的两件铜壶和1件铁足铜鼎，被誉为“中山三器”。这3件铜器上刻有铭文1 099字，主要内容是对嗣王的告诫和嗣子对先王的悼词，以及对中山国军队征伐燕国时所立功勋的赞颂。这些铭文不仅确切地说明了这座墓的主人是中山王，更重要的是记录了中山国的一些史实和中山王的世系等。铭文追述了公元前316年燕王被迫让位的事，谴责燕王哙让位于燕相子之，告诫要警惕类似事件在中山国发生。传世文献只记载当燕国国君让位时，齐国乘机入侵燕国并攻破了燕都，并未提及中山国。但中山国铜器上的铭文却说明，当时中山国的军队也参加了这场攻打燕国的战争，并在战争中立功。铭文记载了六代中山国国王，加上《史记》所载的最后一个中山国国王，我们由此得知七代中山王的世系。

出土遗物中同样令人关注的是，1号墓出土的1件错金银青铜兆域图版，长94、宽48、厚约1厘米，是一幅王陵建筑平面规划图，详细注明了陵园中居中的王堂，两侧等级较低的王后堂、哀后堂、夫人堂，四周的内宫垣、中宫垣等建筑的方位布局和各部位的尺寸。它是中国现知最早的建筑规划图。经推算和实测，规划图与实地情况大体相符。中山国这种以国王墓为中心的葬制与后来的秦始皇陵的布局很接近。

错金银青铜兆域图版

两座墓葬出土的巨大的“山”字形铜器，是前所未见的仪仗性器物，是王权的象征。1号墓出土的5件均高1.19米，6号墓出土的6件均高1.43米，下部銎内都存有木质。有些器物异常精巧，是稀世珍品。如错金银龙凤形铜方案，器足以4只伏卧的小鹿承一圆圈，圆圈之上是蟠绕成半球形的四龙四凤，龙顶又各有一组斗栱上承方案。十五连盏铜灯，高84.5厘米，形似大树，树上攀援着嬉戏的群猴，树下还有二人仰面戏逗。银首人俑铜灯高66.4厘米，男俑头部用白银精心制作，左手握螭蛇连接的两层灯盘，右手高举螭蛇连接的另一灯盘。几件错金银的青铜动物形器座，造型逼真，有错银双翼神兽和牛、犀等形象，其中以虎噬鹿形象最为生动。这些精美的器物，除银首人俑铜灯出自6号墓外，余均出于1号墓。这些文物充分说明了当时中山国能工巧匠们高超的青铜铸造技术。另外，1号墓出土的带暗纹的磨光黑陶鼎等，也有一定特色。

关于中山国的历史发展和族属问题，一直存在不同意见。一般认为，战国中山是春秋鲜虞的延续，是姬姓白狄建立的国家。墓中出土的大量文物，如青铜礼器、陶礼器等都与同时期的赵国、韩国和魏国墓葬出土的文物相近，具有中原文化的特点，但是墓中同时出土了许多反映游牧生活的帐幕构件、巨大的“山”字形青铜饰件和动物造型的错金银青铜饰品。这说明在战国时期，由于不同民族的长期交往和共同生活，原来文化上的差异逐渐缩小，民族融合不断加深。

中山王陵的发现，在很大程度上补充了历史文献记载的不足，但中山王陵不可能告诉我们这个古国全部的历史和文化。因为不论是文献记载，还是考古遗存，留下来的仅是人类历史和文化的一部分，根据这些资料去寻找回来的历史，需要考古和历史学者将一个个“碎片”整合，向不断接近历史的真实这一目标不断迈进。

错金银工艺

错金银工艺在青铜器上的使用，始于春秋中期，盛行于战国，西汉以后逐渐走向衰落。它的一般做法为，先在青铜器表面预先铸出或錾刻出图案、铭文所需的凹槽，然后嵌入金银丝、片，锤打牢固，再将其打磨光滑。被错金银工艺装饰过的器物表面，金银与青铜的不同光泽交相辉映，将其图案与铭文衬托得格外华美、典雅。

034 青铜文明的摇篮

——铜绿山矿冶遗址

人们平时多见青铜器成品，但对铜矿的开采和冶炼却知之甚少，铜绿山遗址展示了这方面的情况。

青铜时代就是人类使用青铜制作生产工具、武器及生活用具的物质文化发展阶段，介于“铜石并用时代”和铁器时代之间。而在这个时代人们所创造的物质文化，便被称为“青铜文明”。国际史学界认为，从文化过渡到文明的重要标志之一，就是金属冶炼技术。作为四大文明古国之一的中国，有以司母戊大方鼎与四羊方尊为代表的青铜文明，至四川广汉三星堆遗址的大型青铜雕像破土而出，令世界考古界及学者重新聚焦中国。巨大的青铜人像改写了中国和世界的青铜文明史，令中国迈上了世界青铜文明的制高点。而孕育这些青铜文明的摇篮，是丰富的铜矿资源

铜绿山古铜矿遗址博物馆采矿遗址全景

采矿工具铜锛

和大规模的铜矿开采、冶炼技术，铜绿山矿冶遗址为我们提供了这方面的实例。

铜绿山矿冶遗址位于湖北省大冶市铜绿山镇。根据清代同治六年《大冶县志》所载，每逢大雨过后，可见有铜绿如雪花小豆般点缀在山石之上，铜绿山因此得名。铜绿山蕴藏有丰富的铜铁矿床，并与金银钴等多种金属共生。直到现在，这里仍然是重要的铜矿产区，而铜绿山古代矿冶遗址就是现代采矿的一个重大发现。时间回到1965年，人们在铜矿开采中不断发现一些古代采矿和冶炼的遗迹和遗物，至1973年，这里再次发现采矿用的铜斧、木铲等工具时，这个遗址才真正引起人们的重视。此后，中国历史博物馆、中国社会科学院考古研究所、湖北省博物馆、黄石市博物馆等多个考古文物机构对该遗址进行了发掘。从1973年至1985年间，发掘面积共达4 900多平方米，发现了大量古代采矿和冶炼的遗迹和遗物，揭示了古代采矿和冶铜的生产情况。根据对遗址中发现的遗迹和遗物进行的分析和研究可知，铜绿山矿冶遗址的开采始于商代晚期，历经西周、春秋、战国和西汉，被连续开采了1 000多年。至隋唐时期，又继续在早期遗址上采矿。

考古发现，古代采矿分露天开采和井下开采两种方式。目前所见的露天开采坑都未完全封闭，以便矿石的运输，而井下开采是古代采矿的主要方式。古代矿井主要集中在大理岩和火成岩的接触带上，在遗址中发现有竖井、平巷、盲井、斜巷等设施。竖井是直接通向地面的垂直巷道，用于探矿、通风、运输矿石。平巷是井下采矿的水

铜 锭

木扁担

采矿工具铜镢

平巷道。盲井是为探矿和排水而设在平巷底部的垂直巷道。斜巷是井下探矿的倾斜巷道。竖井在挖到含铜品位较高的地方时，便向侧壁开拓平巷。这种竖井的底部一般都有“马头门”结构：用4根竖立的圆木或方木以榫卯法穿接两副平放的方形框架构成一个立方形框架。其高度与平巷的高度一致，与平巷连接的一边或两边留作通道口，其余部分都衬以横向的木棍或木板作为背板。在矿井中都有木质的框架作支护，在木框架周围还常衬有竹席、木板和细木棍等。很多井巷都是互相联系在一起的。如有一组是由7条平巷围绕3个竖井作扇面形展开，平巷的底部还有7个盲井。井巷内一般都有排水设施。

铜绿山矿区内的不少地点，地表覆盖着古代炼铜后所留下的厚厚的炼渣。据估算，炼渣总量超过40万吨。发掘清理的炼铜竖炉，结构基本一致，由炉基、炉缸、炉身三部分组成。炉基位于当时的地面以下，用沙石、黏土等夯筑而成，中间设有风沟，风沟对冶炼时确保炉缸的温度有一定作用。炉缸是用高岭土等组成的耐火材料筑成，设在炉基之上，截面为长方形。炉身均已坍塌。工作台用黏土和矿石垒筑在炼炉周围，台上分布有成套的辅助设施，如石砧和渣坑等。在有的炼炉旁还发现大量铜矿石和作为燃料的木炭。炼炉的结构十分合理，具有性能好、炉龄长、操作简单等特点，可以连续加入矿料、排放炼渣和铜液，说明当时工匠们已经掌握较高的冶炼技术，拥有丰富的冶炼经验。

矿井中出土不少与采矿有关的遗物，如采掘用的斧、凿、锄、钻等金属工具；装载用的木铲(锹)、竹筐、藤篓；提升用的辘轳、绳索、木钩；排水用的木槽、木桶、木勺以及船形木斗等。出土的金属工具中，早期矿井中所出者均为青铜质，晚期矿井中则有铁制的钻、凿、锥、锄等工具。

采矿工具铜铲

铜 锛

铜绿山古矿井的发现，特别是成组井巷的揭露，使我们了解到当时人们已经初步掌握了矿井支护、矿料提升、井下排水、通风照明等方面的技术，从而使工匠们能在地面以下四五十米深处采掘矿石并运送至地面。采矿时，一般先挖竖井，挖到一定深度时，如遇到富矿，便向旁侧开挖平巷或斜巷追踪矿脉。在富矿区平巷多至三层，层与层之间有盲井。为防止井巷岩石坍塌，确保采矿人员的人身安全，井巷内都使用了木框架作为支护。在矿井中还发现了一种选矿工具——船形木斗，类似现代的淘金斗，是用于“重力选矿”以鉴定矿石的含铜品位，从而确定采掘方向的。矿料的提升在战国以前主要靠人工提升，在战国时期人们开始使用机械——木辘轳来提升矿料，大大节省了人力，提高了工作效率，扩大了开采规模。在地下数十米深度开采，地下水是一个很大的威胁，于是人们利用水槽将水引至储水井中，再用辘轳、木桶等工具将水运至地面，以达到排除井下积水之目的。井下通风是利用井口高低不同产生的气压差所形成的自然风流来实现的，风向则通过关闭废弃巷道的办法来加以控制。在井巷填充物中曾出土不少竹签，长度较短，一端有燃烧过的痕迹，推测它们应为井下照明所用。

虽然我们现在还不能确定，铜绿山开采、冶炼出来的铜矿到底运送到了哪里？然后又制成了什么样的青铜器？但不可否认的是，铜绿山矿冶遗址是我国目前发现最早、规模最大、开采时间最长并且也是保存最完整的一处古代矿冶遗址，它的发现和发掘，填补了我国冶金史上的一些空白，在学术上具有重要价值。1982年国务院公布为全国重点文物保护单位。

铜 器

用铜或铜的合金制造的工具、武器、器皿、乐器、装饰品等，称为铜器。铜是人类最早认识和使用的金属之一。人类开始以天然铜锻制小件工具或饰物，继而发明冶铜技术。天然铜和早期冶炼的铜没有掺入其他金属，称为红铜。后来在铜中加入适量的锡，以降低熔点并改善硬度，即为锡青铜，通称青铜。此外，还有含一定比例锌的黄铜，含一定比例镍的白铜。考古材料表明，中国在新石器时代就已出现早期青铜器，商周时期是青铜器发展的鼎盛时期。秦汉时期，青铜器的社会地位已为漆器所取代。

035 尘封两千余载的古代军阵——秦始皇陵兵马俑

世界八大奇迹之一，历史价值怎么形容也不过分。

秦始皇帝像

1974年3月29日，陕西省临潼县晏寨乡西杨村最早发现兵马俑材料，临潼县文化馆工作人员将村民们收集的陶器残片加以拼合，出乎意料的粘对出三座与真人一般大小的陶塑人像。这则消息一经报道后，马上引起了轰动，国家文物局委派陕西省组织始皇陵秦俑坑考古队对兵马俑遗址进行考古发掘，先后发现了4个大型的兵马俑坑，获得陶俑8 000余件、大型彩绘铜车马两乘以及数以万计的青铜兵器等。

1979年10月秦始皇兵马俑博物馆开馆正式对外展出，气势恢弘的中国古代军阵惊现于世，原法国总统希拉克曾赞誉："世界上曾有七大奇迹，秦俑的发现，可以说是八大奇迹了，不看金字塔不算真正到过埃及，不看秦俑不算真正到过中国。"秦俑由此赢得了"世界第八大奇迹"的美誉。1987年，联合国教科文组织也将包括俑坑在内的秦始皇陵列入世界文化遗产。

秦始皇陵园由始皇帝陵寝、墓上建筑及众多的陪葬墓和陪葬坑等共同

军阵(一)

将军俑

构成，兵马俑是其中一个重要的组成部分，位于陵园的东侧。由于秦始皇陵的陵寝及其他陵园设施大部分还处于保护状态，因此率先崭露头角的兵马俑自然成为人们了解帝陵神秘构造的一个窗口。

1号坑平面呈长方形，东西长230米，南北宽62米，深5米，总面积14 260平方米，四周各有五个门道，在四个俑坑中是面积最大的一个。坑内共出土兵马俑6 000余件，大部分是步兵，以步兵、战车相间排列组成联合编队。借助坑道内的夯土隔墙，将坑道分成9个过洞，每个过洞内排列着武士俑纵队4列，共36列，这些武士俑全部面向东方，身披铠甲，手执长兵器，代表了主力部队。在这支队伍的外围，沿坑的四壁还分布着其他武士俑：东长廊内站着三排面向东方的战袍武士俑，每排70件，共210件，手持弓弩，属军阵的前锋部队；南、北两侧边廊内各有两排武士俑，分别面向南、北两侧，应分属军阵的左、右翼；西长廊内有一列面向西的武士俑，手执弓弩等远射兵器，似担任整个军阵的警戒任务，应是后卫部队。

2号坑位于1号坑东端以北，面积6 000平方米，出土陶俑约1 000多件、马500余匹。2号坑是

军阵(二)

跪射俑

个多兵种混合编列的曲形阵，由车阵、骑兵阵、弩兵阵和车骑及徒手兵混编阵四个小阵组成，分别位于坑内的四个区域，体现了阵中有阵、营中有营的编组方法，既可各自为战，又可发挥多兵种联合作战的威力。另外，2号坑内保存了较多的战车痕迹，泥土中残留了大量清晰的车架印迹和铜质金属构件，展示了当时用车的详细情况，也证明在秦代战车仍然是作战的主要力量。

3号坑在2号坑以西、1号坑以北，由车马房、南厢房和北厢房三部分组成，平面呈凹字形，面积520平方米，仅有4马1车和68个陶俑。3号坑的陶俑不以作战队形排列，武士俑所持兵器也不是弓弩、矛、戈、钺、剑等进攻性武器，而只是一种作为仪仗的铜殳，这个坑可能是整个地下军阵的指挥部。

除了军阵队列俑以外，这个时期另一个重要发现是彩绘铜车马，它发现于陵园的西侧，形制与真实的车马完全相同，大小相当于原物的二分之一，车马及配件全部为铜制。1号车为“高车”，配备有弩、箭、盾等武器，有保卫的功能。2号车为“安车”，车厢分为御室和乘室，两室之间用车墙加以隔断，赶车的人坐在前御室，主人则坐在后乘室。乘室后面留车门，前面及左右两侧各开一个车窗，门窗都可以灵活开闭，车顶有椭圆形伞状车盖。2号车整车配有1 500余件金银构件和饰物，极显华贵，其精湛的工艺令人叹为观止。铜车马是我国时代最早，驾具最全，级别最高，制作最精的青铜器珍品，为考证秦代冶金技术、车辆结构、工艺造型等提供了极为珍贵的实物资料。

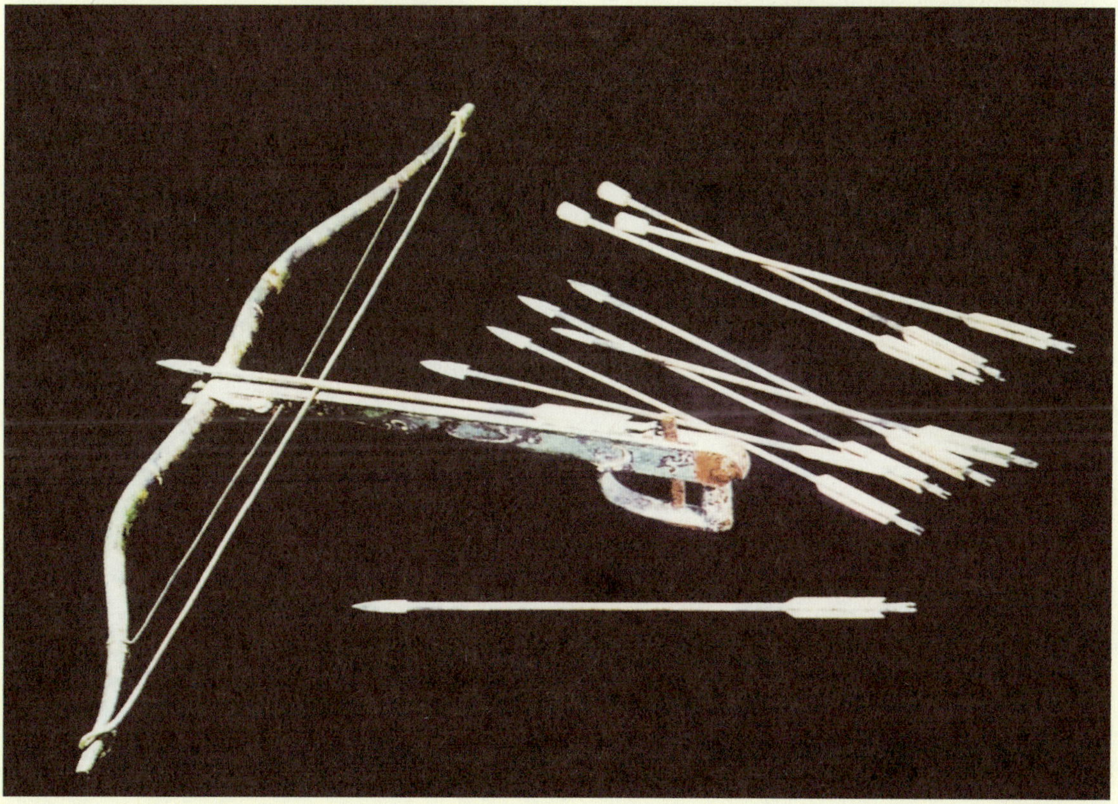

铜盾及弩箭

铜车马

兵马俑完全仿造真人真马制作而成，人俑一般身高在1.8米左右，最高可达1.96米，显示了古代工匠准确的模仿技术和非凡的创造力。根据服饰、装备等特征，兵马俑又可分为将军俑、军吏俑、御手俑、武士俑、骑士俑等多种形象，组成一个庞大的军阵编列体系，这也是完全模仿现实世界中人物的身份划分，因此它又是秦王朝强大军队的真实缩影，它所反映的军阵编列方法、军队编制、士兵装备、兵器配备组合等诸多实证，不但对于研究中国战争史具有不可替代的作用，而且对于探讨世界军事史的发展也具有重要的参考价值。

秦俑不只代表军事，它提供给人们的知识范围涉及政治、军事、经济、艺术、科技等众多领域。众多的兵马俑形象有的须髯开张，性格彪悍；有的容颜浑厚，气质纯朴；有的眉清目秀，神态机敏；有的容颜喜悦，性格爽朗。年龄、地位、民族不同，其面容气质亦不相同，后代常用的模、塑、堆、捏、贴、刻、画等雕塑技法在这时都有应用；再如陶马的塑造，造型准确，比例协调，头部的塑造尤其细腻传神，是秦俑艺术中的精品。在当时缺乏起重设备的情况下，怎样把如此高大沉重的兵马俑完整组合、彻底烘干、再平稳地放到窑内烧制，都是耐人寻味的问题，因此陶俑的烧造方法至今还是个谜。再如俑坑里出土的铜剑，虽然在地下深埋了两千多年，可至今仍然光亮夺目，极为锋利，经测定铜剑表面有镀铬的氧化膜起到防锈作用，秦人如何在2 000多年前掌握了如此现代的金属工艺也是未解之谜。

俑的由来

俑是古代墓葬随葬品的一个类别，起源于古代的人殉制度。在奴隶社会里，当国王和奴隶主贵族死后，一次杀掉很多人用于殉葬，进入封建社会以后，贵族们逐渐开始以制作的人像代替活人来满足其死后“生活”需要，俑就产生了。

俑按照材质分有陶、木、石、金属俑等；按形象又可分为男、女、兵、马俑等。中国较早的俑出现在战国时期，多木制，形式简单。秦代的始皇帝陵兵马俑，仿真人制作，是已知最大的俑。五代以后，以俑殉葬的风气开始低落，金元墓葬中出现了陶塑、砖雕表演杂剧的俑，往往成组塑造，还有舞台背景，较为生动，是制作俑的最后一个高潮。

036 大汉王朝的盛世之都——长安城

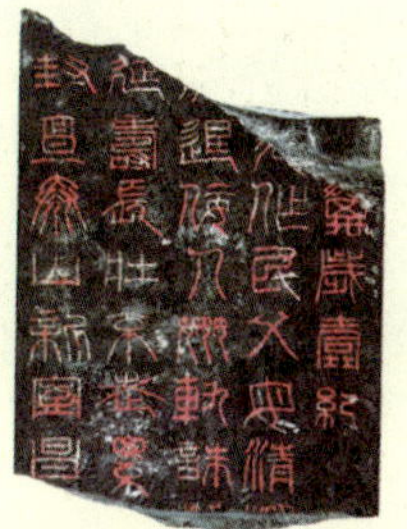

西汉是我国历史上最为强盛的朝代之一，为后代开辟了许多制度，它的都城形式对后世影响深远。

力拔山兮气盖世，时不利兮骓不逝。骓不逝兮可奈何，虞兮虞兮奈若何！这是楚霸王项羽著名的《垓下歌》。公元前202年，楚汉战争的最后一场战役——垓下之战，项羽兵败于乌江自刎。垓下之战结束了秦末混战的局面，奠定了汉王朝四百年基业。取得胜利的刘邦，在汜水称帝。高祖五年（前202），设置长安县，在秦代兴乐宫的基础上修建了长乐宫；高祖七年，长乐宫建成，刘邦自栎阳迁都于长安。高祖时还兴建了未央宫、武库、北宫。汉惠帝时开始筑长安城墙，并建西市。汉武帝时，扩建上林苑，开凿昆明池，造建章宫、明光宫、桂宫，还扩建了北宫。汉长安城建设在此时达到了顶峰。西汉末年，王莽又在长安城南郊修建了明堂、辟雍、宗

未央宫少府(或所辖官署)遗址早期遗迹

庙等礼制建筑。

汉长安城是西汉王朝的首都，作为西汉时代的政治统治中心、经济管理中心、军事指挥中心和文化礼仪活动中心，是西汉王朝的历史缩影，它曾是与西方罗马并称于世的古代著名国际大都会。汉长安城遗址位于陕西省西安市西北郊。中国社会科学院考古研究所于1956年开始对汉长安城遗址进行系统、全面的考古勘探和重点发掘工作。现已探清了其分布范围，基本明确了城墙、城门、宫城、宗庙、社稷、武库、市场、手工业作坊区以及重要的皇家离宫、苑囿的地望和形制等，发掘出土了大量珍贵的考古资料。

汉长安城平面近方形，方向基本为正南北。城墙均用黄土夯筑，质地坚硬，夯层一般厚7–8厘

未央宫椒房殿遗址

米。城墙原来高度均在10米以上，底部宽约16米。东城墙长约6 000米，南城墙长约7 600米，西城墙长约4 900米，北城墙长约7 200米。城内总面积约为36平方公里。东、西城墙较平直；北城墙当时因邻近渭河，与河道走向基本平行，呈西南—东北方向；因迁就先筑的长乐宫、高庙和未央宫，南城墙有多处曲折。城墙外面环绕有城壕，与城墙平行，城壕宽约40-45米，深约3米。城墙与城壕一般相距30米。

汉长安城共有12座城门，每面3座，每座城门均有3个门道，每个门道的宽度均为6米，相当于4个车轨的宽度，即文献记载的所谓“三涂洞开”、“方轨十二”。12座城门中，除霸城门、覆盎门、西安门、章城门因入门不远便是长乐宫和未央宫外，其余8座城门均有1条通入城内的大街。这8条大街宽阔、笔直，或东西向，或南北向，互相交叉、接合，形成一些“丁”字路口和“十”字路口。其中最长的是安门大街，长约5 400米；最短的是洛城门大街，长约800米。各条大街的宽度均在45-56米之间，其间有两条排水沟，将全街分为平行的3股。中股道宽约20米，两侧的道路各宽约12米。据记载，中间的称“驰道”，专供皇帝行走。

未央宫中央官署
建筑遗址出土刻字骨签

长安城中与8座城门连接的8条大街将城内分为11个区，各区的功能不尽相同，建筑内容亦不一致。11个区中，未央宫（包括武库）、长乐宫（包括高庙）、桂宫、北宫、明光宫和东市、西市各占1个区，里居共占4个区。

长乐宫位于汉长安城东南部，面积约6平方公里，为西汉初年高祖刘邦的临时皇宫。惠帝在未央宫当皇帝后，长乐宫成为西汉一代的太后之宫。宫城四面应各设1座宫门，但目前未发现北宫门。宫城中部有1条横贯全宫的东西向干路，向东通至霸城门，向西与直城门大街相连接。长乐宫内的主要宫殿建筑分布在东西向干路的南部。

未央宫位于汉长安城西南角，宫城平面近方形，面积约5平方公里。宫墙夯筑，墙宽约7-8米。宫城四隅各筑有角楼。宫城四面各有1座宫门。宫城之内有干路3条。未央宫中部有主体建筑——前殿基址，后妃宫殿多在前殿以北，后宫首殿椒房

未央宫中央官署遗址出土“千秋万岁”瓦当

殿遗址建筑规模宏大。其他宫殿建筑则多在前殿东西两侧。未央宫北部和西北部还分布着皇室官署如少府以及中央官署等遗址。未央宫北部有皇室的文化性建筑，如天禄阁、石渠阁等。中央官署遗址出土的5万多枚刻字骨签，是研究西汉经济和官制等方面最具权威性的档案资料。

北宫、明光宫和桂宫位于长乐宫和未央宫以北。目前北宫遗址的范围已经确定，平面呈长方形，周长4 660米。明光宫的考古勘察工作正在进行。桂宫平面为长方形，周长5 480米，面积约1.66平方公里。已勘探出南、北、东宫门各1座。在桂宫内发现多处大型宫殿建筑基址。

武库位于长乐宫和未央宫之间，是长安城中的皇家兵器库。武库周筑围墙，形成平面呈长方形的大院落，东西长710米，南北宽322米，共有7个库房，出土了大量铁兵器。

宗庙、辟雍和社稷等礼制建筑位于长安城南郊。宗庙遗址包括12座建筑，建筑形制均同。传统上认为它是文献记载的“王莽九庙”。辟雍遗址

长乐宫排水管道

平面外圆内方，主体建筑居中，建于圆形夯土台上。

东市和西市位于汉长安城西北部。东市以商业活动为中心。西市以手工业为中心，西市之内有大面积的手工业作坊遗址，已发掘出制陶、冶铸和铸币作坊遗址。

未央宫前殿A区遗址出土几何纹方砖

汉长安城的一般居民大多住在城的东北部，少数皇亲国戚、达官显贵的宅邸在未央宫附近。20世纪80年代以来，在汉长安城遗址东南隅清理汉墓近500座，说明横亘在汉长安城东南的龙首原是当时一般居民最主要的墓葬区。

从考古材料看，长安城的排水工程已成系统，设施基本完整。长安城内的排水主要靠街道两边的排水沟。宫殿、官署等的排水设施主要有地漏、陶质的排水管道。

汉长安城西有建章宫和上林苑等离宫和苑囿。建章宫布局形制主要仿自未央宫。其主体建筑为前殿，前殿西北有太液池。东宫门外双阙基址尚存。

汉长安城在中国古代都城史上具有重要地位和承上启下的作用。汉长安城布局上所表现出的崇“方”思想、“择中”观念、规整的城门配置制度、棋盘式道路网、“面朝后市”和“左祖右社”的格局等方面在中国古代都城布局中具有典型意义，对后代的影响非常深远。50多年来，汉长安城考古工作取得了丰硕成果，这些考古资料成为再现这座古代世界著名大都会的历史素材，使人们看到了一幅丰富多彩、气势庞大的西汉时期的全息历史画卷。

桂宫三号建筑遗址全景

面朝后市

所谓“朝”即朝政宫殿，“市”即市场。汉长安城的“朝”以未央宫中的前殿为代表，都城之内的市主要是东市和西市。未央宫和东市、西市分别位于长安城的西南和西北部，宫城和市场形成南北排列。由于未央宫大朝正殿坐北朝南，南为前，北为后，故形成了文献记载中的“面朝后市”布局。

037 烽燧·战场·古文书
——居延汉简

居延汉简是边疆地区考古的重大发现，涉及内容非常广泛，而且保存较好，非常不易。

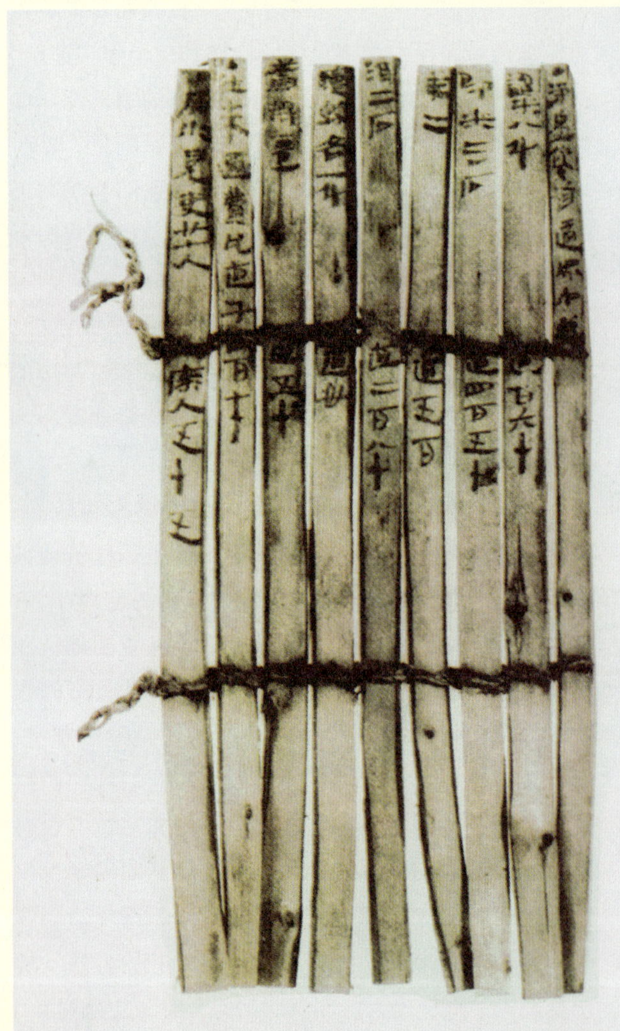

肩水金关遗址出土简册

根据文献记载，汉武帝太初三年（前102），“使强弩都尉路博德”修筑居延要塞，还大量徙民充实边地。居延之地从此成为汉王朝的重要边防要塞。居延塞作为汉代的战略要地之一，是抵御匈奴侵扰的前哨，不仅有烽火台、障坞墙塞等防御设施，还是作战军队的集结地，广大戍边吏卒，离乡背井，长年累月驻守战斗在戈壁荒漠上，披星戴月，风餐露宿。《木兰诗》有云：“万里赴戎机，关山度若飞。朔气传金柝，寒光照铁衣。将军百战死，壮士十年归。”何等悲壮与凄凉！东汉和帝永元三年（91），汉朝军队就是从居延塞出击，北围匈奴单于于金微山。匈奴战败后离开了蒙古高原，向西远徙。至东汉末年，匈奴的威胁已经消除，原有的居延要塞也就逐渐被废弃。

居延遗址是汉代张掖郡居延、肩水两都尉所辖边塞上的烽燧和塞墙等遗址。分布于今内蒙古自治区额济纳旗和甘肃省金塔县境内，北起居延泽之西，自额济纳河（弱水）两岸，至毛目以南，自东北斜向西南，全长约250公里。1930年，中瑞西北科学考察团中的贝格曼等人到

肩水金关遗址出土木板画

居延遗址进行调查，并在部分地方作过小规模发掘，出土简牍较多的有10个地点，另外还有20个地点也发现少量简牍，共计约10 200枚左右，现藏台湾省。1972-1976年，甘肃省居延考古队又对遗址进行了复查，并发掘了甲渠候官治所、甲渠第四燧和肩水金关等3处遗址。其中破城子甲渠候官治所出土简牍7 865枚，甲渠第四燧出土195枚，金关出土11 577枚，3处共计19 637枚，再加上其他地点零星采集的，总数近2万枚，现藏甘肃省博物馆。1999-2002年，内蒙古文物考古研究所、阿拉善盟博物馆、额济纳旗文物所组成联合考古队，对额济纳旗境内的汉代居延遗址进行了分阶段考古调查，又会同吉林大学边疆考古研究中心对居延遗址内13处古城和烽燧遗址进行测量，并对其中部分遗址进行了试掘，发现了500多枚汉简，命名为“额济纳汉简”。

汉代张掖郡肩水都尉所属的肩水候官，所辖烽燧塞墙包括金关及其西南地段，候官治所在地湾。居延都尉所辖烽燧塞墙分属3个候官。三十井候官塞自布肯托尼至博罗松治。甲渠候官塞从察汗松治起，候官治所在破城子。殄北候官塞在居延都

居延遗址出土铁锄

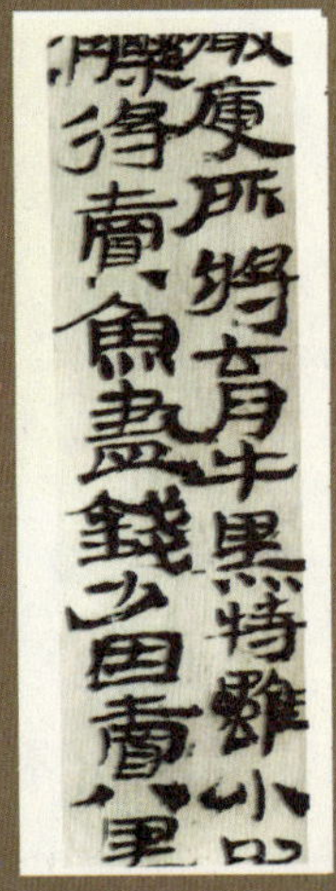

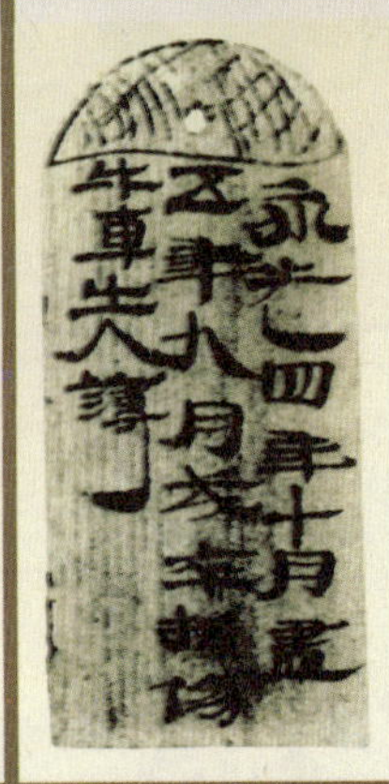

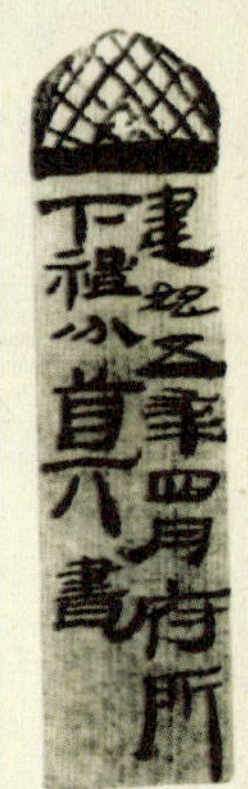

甲渠候官遗址出土汉代简牍

尉防区最北端，候官治所在宗间阿玛。汉代居延县和居延都尉府是当时的主要屯田区。甲渠候官治所、甲渠第四燧和肩水金关等3处遗址的发掘，使我们对汉代烽燧的形制有了比较完整的认识。

破城子甲渠候官治所的城堡由鄣、坞两部分构成。鄣在西北部，是一个平面23.3米见方的小堡。鄣墙厚4–4.5米，用土坯垒成，现残高4.6米。鄣门在南。鄣南为坞。坞平面近方形（47.5米×45.5米），坞墙厚1.8–2米，夯土筑成。坞门在东墙南端，门外有类似瓮城的曲壁。坞四周3米以内的地带埋有4排尖木桩，高出地面0.33米，应为文献所记的“虎落”。鄣坞内建有房屋、灶和牲畜圈等。出土遗物有弓箭、铜镞、铁甲片等，还有铁农具、工具和各种生活用品。

肩水金关是肩水候官所属的一座烽塞关城，主要由两部分构成。一是关门，门洞宽5米；另一部分是鄣坞，在关门内西南方。鄣在坞的西南角上，约13米见方。坞约35米见方。鄣坞的规模比候官治所小。出土遗物很多，有刀、剑、镞等武器，还有大量的丝、麻、毛、革制成的衣物鞋帽残片以及点燃烽火用的草苣。

肩水金关遗址出土麻纸

甲渠第四燧位于甲渠候官南5公里。鄣约8米见方，残高3.4米，方锥体，夯土筑成。鄣南的坞东西长21米，南北最宽处15.2米。而瓦因托尼的殄北第二亭，鄣仅有6.5米见方，可能是最小的亭鄣。

塞墙一般宽2.5–2.8米，高度可达3米。其构筑方法有两种：一种是内外两侧都用粗石板垒起，中间填砾石而成；另一种是用砾石压紧柴枝垒筑。

居延汉简的内容绝大部分是汉

代边塞上的屯戍档案，一小部分是书籍、历谱和私人信件等。最早的纪年简是元朔元年（前128）和元狩四年（前119）等汉武帝中期的。由于各遗址的性质不同，所出土的屯戍档案简册的内容也不尽相同。一般亭隧遗址中出土的档册数量不多，而且仅限于与本亭隧有关的档册。候官或都尉治所的档册，数量多，内容丰富，包括整个辖区中各亭隧的有关档案。这些档案可分为两类,一类是各种登记和统计簿籍,另一类是各种公文文书。属于簿籍类的有各种名籍，如吏卒名籍、吏卒廪名籍、卒家属名籍、卒家属廪名籍、吏奉赋名籍、秋射赐劳（或夺劳）名籍等；有专门记录吏卒日常工作的“作簿”和“日迹簿”；有专记传递公文信件的“邮书课”；有统计各亭隧军事装备情况的“守御器簿”、“折伤兵簿”和“戍卒被簿”；有记出纳钱财和粮谷的“出入簿”或“食簿”等；有“驿马名籍”和“驿马阅具簿”；在候官治所还有所谓“诣官簿”，即其下属各亭隧士吏诣官办事的登记簿；在关卡遗址中还有吏民出入关的登记簿和过所、符传等。这些簿籍都各有书写格式，按规定的内容填写。各种公文文书中有诏书、檄书、牒书、律令、品约以及劾状、爰书等。这些简册原来都是按类归档的书卷、书案和簿录，但在出土时多已编纶散断，次序零乱，有些已被当做垃圾倒在遗址的一角；也有保持簿册原状的，如查科尔帖出土的“永元器物簿”。通过科学的考古发掘和整理，并根据简册的形制和内容，可以恢复档册的类别和原状。

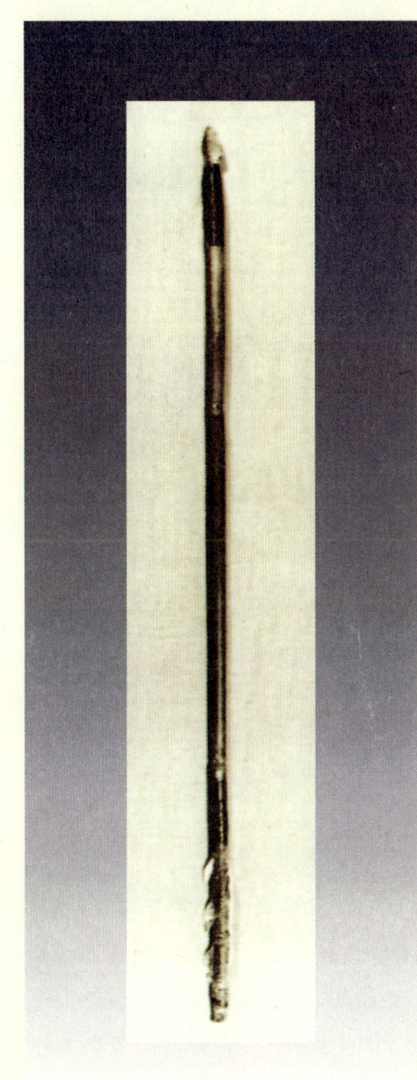

居延遗址出土睢阳简

居延汉简是继敦煌汉简之后发现的最重要的汉代边塞屯戍文书。在内容和数量上都大大超过了敦煌汉简，涉及汉代社会的政治、军事、经济、文化、科技、法律、哲学、宗教、民族等各个领域，为汉代历史的研究开辟了一个新的领域。居延汉代烽燧遗址与简牍的发现与发掘，仿佛使我们又回到了2 000多年前的古战场，烽烟滚滚，战马嘶鸣……

简牍文献

简牍文献是中国古代以经过整治的竹、木为记录载体的文献。“简”是用竹、木削成的长条;“牍”主要是用木,间或用竹剖成的板片。上面的文字是用毛笔书写的。甲骨文和金文中已有“册”字,故有学者认为殷商时期已利用简为书写材料。已发现的时代最早的简是战国初期的。根据文献记载和考古发现可知,简牍文献流行于先秦,两汉时期最盛,直到东晋末年才被已发明四五百年的纸质文献所取代,作为主要的文献形式在中国使用的时间长达千余年。

038 “不朽”的中山王
——满城汉墓

大汉王朝的皇亲国戚，留下了举世闻名的金缕玉衣和“长信宫”灯，在汉代古墓遗存中最为出众。

闻名中外的满城汉墓，位于河北保定满城县西南1.5公里的陵山上。1968年，中国人民解放军某部在此处施工时偶然发现一座大墓，经周恩来总理亲自批示发掘，由中国科学院考古研究所和河北省文物工作队进行发掘，著名考古专家郭沫若先生莅临指导发掘工作。

在清理这座编号为1号的大墓时，在其北侧又发现了1座大墓，编号为2号墓。根据墓中随葬的铜器、漆器铭文，并结合文献记载，可以判断1号墓主应是第一代中山靖王刘胜。刘胜是汉景帝刘启之子，汉武帝刘彻的庶兄，景帝前元三年（前154）立为中山王，死于武帝元鼎四年（前113)，在位42年，是中山王中在位时间最长的一位。根据2号墓中随葬的铜器铭文“中山内府”和纪年“卅四年四月”以及出土的封泥“中山祠祀”、死者身着女服等推断，墓主应是中山靖王刘胜之妻“窦绾”。根据武帝太初元年改“祠祀”为“庙祀”，可知窦绾埋葬时间应在太初元年（前104）之前。两座墓营建于西汉中期，前后相差不过10年。

窦绾墓出土错金铜朱雀衔环杯

这两座墓位于陵山主峰东坡接近山顶处，南北并列，墓门向东，两墓门相距约120米，属夫妇并穴合葬，即所谓的“同坟异藏”。墓室开凿在山岩之中，其营建方式可能是效仿汉文帝霸陵的“因其山，不起坟”。刘胜墓全长51.7米，最宽处37.5米，最高处6.8米。窦绾墓全长

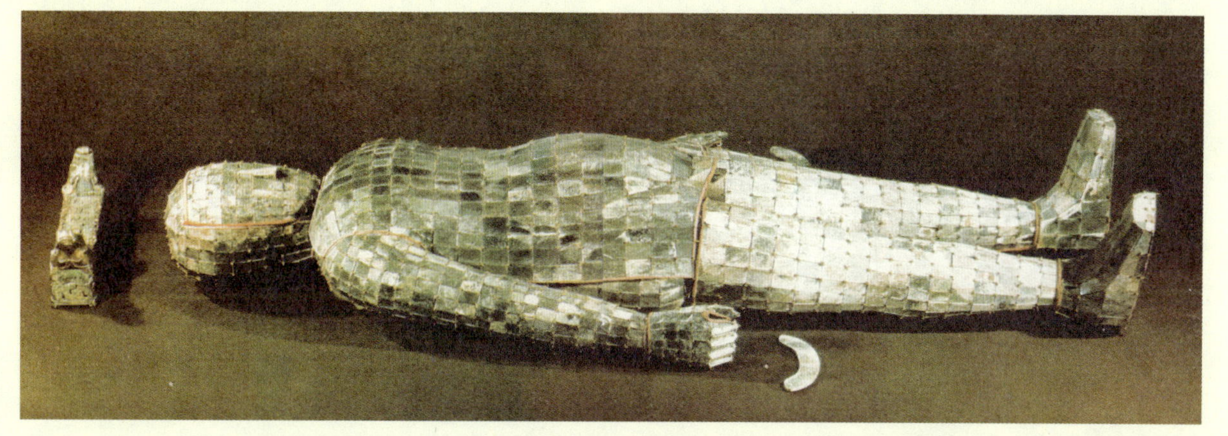

刘胜墓出土金缕玉衣

40米，最宽处64米，最高处7.9米。两座墓的形制和结构大致相同，均由墓道、甬道、南耳室、北耳室、中室和后室六部分构成。中室和后室有石门相隔。墓道口刘胜墓用土坯、窦绾墓用砖砌筑，再以铁水浇灌封门。刘胜墓的甬道、南北耳室和中室以及窦绾墓的中室，原来都建有瓦顶的木构房屋，已腐朽坍塌。两墓的后室，包括放置棺椁的主室和一个象征浴室的小侧室，均系在岩洞中修建的石屋。两座墓内均有排水设施。两座墓各洞室的顶部均为拱形顶或穹隆顶，周壁为弧形，符合力学原理，因而历经2 000多年，墓洞基本保存完好。

刘胜墓南耳室和甬道是车马房，内有安车和猎车等6辆车、16匹马、11只狗、1只鹿。北耳室是贮藏食物、饮料的仓库和磨房，放置大量陶器。其中有装酒的大缸，盛鱼肉、粮食的壶和瓮，还有鼎、釜、甑、盘、耳杯等炊器和饮食用具。耳室南部有一盘石磨，磨下有承接的铜漏斗，磨旁有一具马骨，系用于推磨的牲畜。中室是一个宽大的客厅，放置大量的铜、陶、铁、金、银、漆器及一些陶、石俑等，在其中部和南部张设两具华丽的帷帐，仅存铜帐构。后室是象征卧室的内室，放置漆木的一棺一椁和许多贵重物品。“金缕玉衣”压在棺椁朽灰和漆皮的堆积下，系用重约1 100克金丝、2 498块玉片编缀而成。通体扁平，头部和手、足已变形，仰身直肢，头西足东。人骨已朽。在象征浴室的小侧室内，配置了盆、罍、灯、熏炉等铜器，还有1块搓石和1个石刻男仆俑。

窦绾墓随葬品布置的情况，与刘胜墓相似，所不同者只是随葬器物较少，中室的铜器多为明器，车马置于北耳室，陶器放在南耳室。窦绾墓车马房中有一辆小车和两匹小马，可能是当时贵族妇女在宫廷中骑乘取乐的小马车和驾车的所谓“果下马”。后室西南部放置镶玉漆木棺一具，出土时已坍毁，棺内壁镶嵌192块玉版，棺外壁镶嵌26块玉璧，其中棺盖及左右侧壁各镶8块，前后端均嵌大型玉璧1块，

刘胜墓出土错金铜博山炉

刘胜墓出土双龙卷云纹玉璧

这种内外镶玉的漆棺未见于文献记载，在考古工作中也属首次发现。棺内出土许多随葬品，人骨已朽。“金缕玉衣”保存完好，系用重约700克的金丝、2 160块玉片编缀而成。

两座墓的随葬品数量众多，按用途分别存放于各室中。刘胜墓有5 000余件，窦绾墓有4 000余件，按质料可分为铜、铁、金、银、玉石、陶、漆器和丝织品以及车马、俑、钱币等，大多保存完整。两座墓共出土了10辆马车和29匹拉车用的马。出土数量仅次于陶器的铜器，最具特色。一些铜器上还刻有铭文，记录器名、容量、重量、高度、编号和制作或购买年月等。其中“长信宫”灯、错金博山炉、错金银鸟篆文壶、鎏金银蟠龙纹壶和鎏金银镶嵌乳丁纹壶等，都是汉代铜器中难得的艺术瑰宝。“长信宫”灯呈宫女跪坐持灯状，通体鎏金。灯盘可以转动，灯罩可以开合，因而能随意调整灯光照射的方向和亮度的大小。宫女体中空，头部和右臂可以拆卸，右臂与烟道相通，烟炱可以通过右臂容纳于体内，从而保持室内的清洁。其设计之精巧，制作工艺水平之高，在汉代铜灯中是首屈一指的。错金博山炉的炉身上部和炉盖铸出层峦叠嶂的群山，山间点缀以猎人和野兽，刻画出一幅生意盎然的狩猎图景。全器饰以流畅的错金花纹，色彩绚丽，是汉代能工巧匠的杰作。

墓中出土的一种三棱状铜镞，表面曾用含铬化合物进行处理，形成一层致密的灰色氧化保护层，使铜镞耐腐、耐磨，至今仍然光洁如新，创造了中国冶金史上的一个奇迹。在经过分析检验的部分铁器中，有一柄刘胜的随身佩剑，是“百炼钢”新工艺的雏形产品；还有我国考古发现的最早的灰口铁铸件和固体脱碳钢制品。

刘胜墓出土的用于针灸的金、银医针是研究中国医学史的重要资料；出土的用于计时的铜漏壶，是研究天文学史的重要资料。刘胜墓还出土

窦绾墓出土鎏金铜“长信宫”灯

刘胜墓出土玉剑饰

了一领铁铠甲，属于早期的“鱼鳞甲”，是现已发现的保存最为完整的西汉铁甲。该墓还出土了两套帷帐的铜帐构，经复原，一具为四角攒尖式顶的方形帐架，一具为四阿式顶的长方形帐架。这是首次发现的成套的汉代帐构。

满城汉墓规模之大，在已发掘的汉墓中是少见的。特别是由于没有被盗掘，完整地保存了极其丰富的随葬物品，为国内外所瞩目。满城汉墓对研究汉代考古和历史具有重要价值。特别是两座墓中出土的两套“金镂玉衣”，是我国考古首次发现的保存完整的玉衣。汉代王侯以玉衣殓尸，是为了实现尸身不朽，可惜的是，考古发现的多座出土玉衣的墓葬中，却未见到不朽的尸身，这个不朽的千秋美梦在今天看来是完全破灭了。

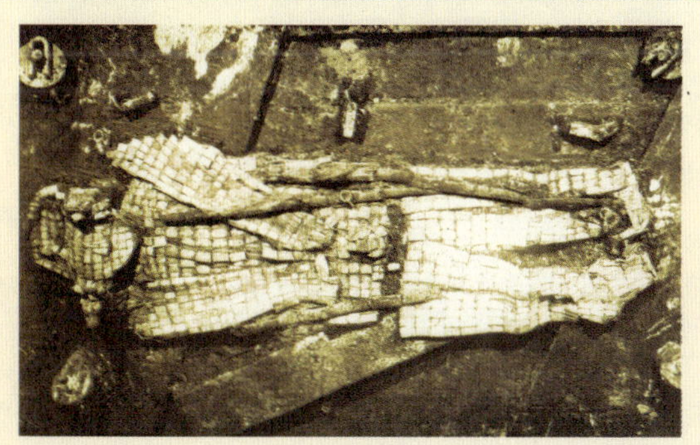

玉　衣

玉衣是汉代皇帝和高级贵族死时所穿的殓服。又称“玉匣”、“玉柙”等。完整的玉衣外观与人体形状相似，可分为头部、上衣、裤筒、手套和鞋五大部分。头部由脸盖和头罩构成，上衣由前片、后片、左右袖筒组成，裤筒、手套、鞋都是左右分开的。玉衣由许多玉片组成，玉片之间用纤细的金丝、银丝或铜丝加以编缀。以玉衣为殓服，可能是为了达到尸体不朽的目的。

039 沉睡两千多年的丞相夫人——马王堆汉墓

一具保存完好的千年女尸，大量流光溢彩的精美漆器，述说着长沙国曾经辉煌的历史与文明，引起世界范围的广泛关注。

湖南省长沙市东郊地面上原来残存有两个土冢，高10余米，相传为五代十国楚王马殷及其家属的墓地，故称“马王堆”；此处还曾被认为是西汉长沙王刘发葬程、唐二姬的“双女坟”。这个墓地究竟是什么时代的？墓主是谁？其身份地位如何？这些谜团千百年来一直困扰着人们。1972−1974年，湖南省博物馆与中国科学院考古研究所对这个墓地进行了发掘，揭开了谜底，原来马王堆两个土冢下面埋藏的是3座西汉初期的墓葬。墓中出土了大量精美的随葬品，而其中的印章、封泥和木牍等文字材料，准确地反映出墓主的姓名、时代、身份等情况。特别是在1号墓中出土的一具女尸，保存完好，年纪约50岁，俗称为“马王堆老太太”，更使马王堆汉墓名闻天下。

1 号墓出土彩绘“T”字形帛画

马王堆3座墓葬，均为带墓道的长方形竖穴土坑木椁墓。1号墓的墓坑最大、最深。3座墓的墓底和椁室周围都塞满木炭和白膏泥，然后层层填土，夯实封固。1号墓和3号墓的棺椁保存都相当完整，结构大体一致，椁室内分棺室和4个边箱。1号墓的椁室最为庞大，内置套棺4层。3号墓椁内置套棺3层，2号墓从残存的痕迹看，椁内置2层棺。

1号墓填塞的白膏泥最厚而且均匀，使深埋地下10多米的椁室封固严密而形成恒温、恒湿环境，从而使埋葬2 100多年的女尸得以保全。女尸放在锦饰内棺中，仰身，脸上覆盖丝织物2件，身着衣、衾被等共20层，从头到脚层层包裹，然后横扎丝带9道，再在其上覆盖2件丝绵袍，出土时浸泡在约80升的无色透明棺液之中。这种棺液具有微弱的抑菌、杀菌作用。女尸身长1.54米，体重34.3千克，与“木乃伊”不同，是与新鲜尸体相似的“湿尸”，身体各部位和内脏器官的外形仍然相当完整，而且结缔组

3 号墓出土帛画《导引图》局部

织等细微结构保存也较好，这在世界尸体保存记录中是十分罕见的。病理检查表明，死者生前患有多种疾病，死于胆绞痛引起的冠心病急性发作。

保存较好的1号墓和3号墓，随葬品都放置于棺室周围的4个边箱之中，主要有盛满衣物、食品和药材等的竹笥、漆器、木俑、乐器、竹木器、陶器以及竹简，均达1 000余件。两座墓均出土彩绘帛画。3号墓还出土帛书和兵器。

1号墓出土帛画1幅，3号墓出土帛画4幅。其中1号墓和3号墓各出土1幅覆盖在内棺上的彩绘“T”字形帛画，二者的形制、构图和内容都相似，均长2米多，下垂的四角有穗，顶端系带以供张举，应是当时葬仪中的旌幡。画面的上、中、下三段分别象征天上、人间、地下。两幅帛画的主要差别在于墓主形象，1号墓为女性，3号墓为男性，这与实际墓主情况相一致。3号墓椁房东、西两壁还各挂有一幅帛画，分别绘车马仪仗和墓主生活场面。3号墓

1 号墓出土素纱单衣

1号墓出土竹管竽

出土的另外一幅帛画《导引图》，上面绘有40多个人物的各种运动姿态，反映了我国古代养生健身运动由来已久。

1号墓和3号墓分别出土了大批保存完好的竹简。其中1号墓出土312枚，内容均为墓中随葬品的记录，传统上称这种竹简为“遣策”。3号墓除出土410枚“遣策”竹简外，还出土医书简200枚。此外，3号墓还出土20多种帛书和3幅地图。帛书内容涉及古代哲学、历史和科学技术许多方面，除《周易》和《老子》有今本传世外，绝大多数是古佚书，这是中国古代典籍资料的一次重大发现。3幅地图为《长沙南部地形图》、《驻军图》和《城邑和园寝图》，是世界上现存最早、具有相当科学水平的实用彩色地图，在中国地图学史上占有重要地位。

丝织品绝大部分放置在竹笥中，种类主要有绢、绮、罗、纱、锦和绣。这批织物年代早，数量大，品种多，保存好，其中最能反映汉代纺织技术发展状况的是素纱和绒圈锦。薄如蝉翼、轻若烟雾的素纱单衣重不到1两，堪称绝世精品，是当时缫丝技术高度发展的标志。用作衣物缘饰的绒圈锦的发现，证明起绒技术最早在中国发明。而印花敷彩纱的发现，表明当时在印染工艺方面已经达到了很高的水平。

随葬大量流光溢彩的漆器是马王堆汉墓的一大特色。漆器共500余件，多为木胎，少数为夹纻胎。种类有鼎、壶、盒、卮、勺、耳杯、盘、奁、案、匕、几、屏风等。纹饰主要为云气纹。一些漆器上书写有“轪侯家”、“君幸食”、“君幸酒”字样，还有注明器物容量的如“四

1号墓出土漆案及杯、盘

斗”等。漆器在汉代其珍贵程度远在铜器之上，有“一文杯得铜杯十”的说法。马王堆汉墓出土如此众多的漆器，足见墓主生前生活的奢华。

马王堆汉墓还出土一批乐器，1号墓出土二十五弦瑟、二十二管竽和一套竽律，3号墓出土瑟、竽、七弦琴和六孔箫。竽、竽律、琴和箫都是首次发现的西汉实物，二十五弦瑟是目前发现的惟一完整的西汉初期的瑟。

1号墓出土彩绘乐俑

根据考古发现，并参考文献记载，马王堆汉墓墓主的神秘面纱终于被揭开。在马王堆2号墓中发现了“长沙丞相”、“轪侯之印”和“利仓”3颗印章，该墓墓主应为史书所载的第一代轪侯利仓，而1号、3号墓分别是他的妻、子之墓。可见，马王堆并非“马王”堆，而是西汉初期长沙国丞相、轪侯利仓一家的墓地。它的发掘，为研究西汉初期社会各方面情况提供了重要的实物资料。

沉寂于地下2 100多年的古墓打开了，众多珍贵的文物和那具不朽的千年女尸一并陈列在古城长沙，述说着长沙国曾经辉煌的历史与失落的文明。

漆　器

漆器是指采用天然漆或者经过精制的天然漆所涂饰的器物，其胎骨可以多种多样，包括木胎、夹纻胎、布胎、竹胎、金属胎、陶胎、皮胎等。天然漆是漆树上分泌的汁液，又称为生漆、大漆、国漆、土漆等。1978年浙江余姚河姆渡新石器时代遗址中出土一件木胎漆碗，这是中国迄今发现最早的漆器，距今约7 000年。

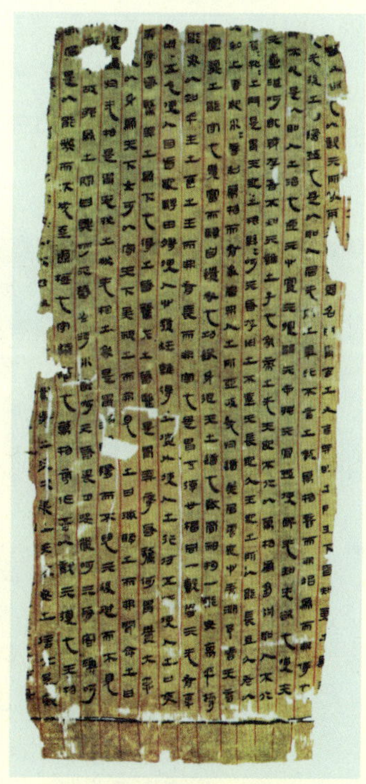

3号墓出土帛书

040 岭南地区的汉代王陵——南越王墓

中国内地最南部的独立王国，出土丝缕玉衣、金银玉器等，与汉朝的王陵同样奢华。

秦始皇统一六国后，于公元前214年统一岭南，在岭南地区设置桂林、南海、象郡三郡。在秦末楚汉相争之际，时任南海郡尉的赵佗兼并桂林和象郡，于公元前203年建立南越国，定都番禺（今广州），自称南越武王。公元前196年和公元前179年，南越国曾先后两次臣属于西汉。公元前112年，汉武帝派兵进攻南越，次年攻破番禺，南越国灭亡。南越国共存在93年，传五代王。

南越王墓位于广东省广州市越秀区象岗山上。象岗山为越秀山的余脉，1983年6月9日，在此处施工时发现一座大型石室墓，出土遗物中有“文帝行玺”金印1方以及“赵眜”玉印，证明了墓主的身份，即西汉初年南越国第二代王赵眜，号称文帝。《汉书》记载文帝为“赵胡”，考古专家推断赵眜即赵胡，至于文献记载与考古发现为何不能完全吻合，则需要更进一步的探讨，或为文献传抄错误，或为一人二名等。赵眜（胡）是赵佗的孙子，公元前137年至122年在位。

南越王墓凿山为陵，是一座坐北朝南的石室墓。墓室分前、后两部分，用750多块红色砂岩石材仿照前朝后寝的形制砌成，前后共7室，全长10米多，建筑面积100平方米。前室南面连接墓道与

“文帝行玺”金印

铜烤炉

外藏椁。前部三室：前室居中，四壁及顶部均绘有朱、墨两色的云纹图案，象征朝堂；左右两侧为东、西耳室。后部四室：正中为主棺室，两侧为东、西侧室，与主棺室平行排列；在主棺室后部隔出1个小间，为后藏室。南越王墓采用筑石室的形式，别具地方特色，为突出“前朝后寝”的布局，还用两道石门将前后两部分隔开。另外在前室与东、西耳室之间，主棺室与东、西侧室、后藏室之间均用木门分隔。

前室呈狭长方形，室内靠西侧置木车模型1件，东侧有1个殉人，出土遗物有陶器、玉器、铜器等。还发现1枚阴刻篆书“景巷令印”的铜印，说明这个殉人应为执掌南越王家事的宦者。

东耳室呈长方形，陈放宴乐用具。室内整齐地放置有多套铜、石、漆木质乐器和许多盛酒的容器，包括青铜编钟2套、石编磬2套、刻有“文帝九年乐府工造”铭文的青铜句鑃1套8件，还有铜提筒、钫、壶、瓿等大型酒器及六博棋、铜镜、带钩等。钟磬旁有1个殉葬的青年乐伎。

西耳室是各种珍宝之藏所，器物重叠堆置，包括青铜礼器、金银饰件、玉石珍玩、甲胄、弓箭、车马饰件、五色药石、印章、封泥、丝织衣物、陶器、石器、漆木竹器、铜铁工具等，多数

铜承盘高足玉杯

用麻布、丝绢、草袋等物包裹。

主棺室是墓主藏身之所，墓主居正中稍偏西处，原有葬具一棺一椁，已朽。墓主身穿丝缕玉衣，头枕丝囊珍珠枕。汉代玉衣是有等级规定的，有金缕、银缕、铜缕玉衣，诸侯王多用金缕，也有用银缕的。南越王墓出土的丝缕玉衣为首次发现，也是迄今为止惟一的一件。整件玉衣全长1.73米，共用玉片2 291块。用朱红色丝带粘贴，构成多重几何形纹样，色彩鲜艳夺目。玉衣上、下共盖垫玉璧17件，玉衣上身里面贴体铺盖12件玉璧，两耳各贴1件玉璧。头部覆盖缀有8块金饰片的丝绢面罩，头部及双肩平置龙凤纹重环玉佩等3件精致的透雕玉饰，胸腹间覆有组玉佩，腰间两侧有10把铁剑，玉剑具犹存。棺椁间的头箱、足箱均放置有精美的随葬品。主棺室还出土数以百计的铁镞、铜镞，成捆的铁剑、铁矛、铁戟、铜弩机和铅弹丸，还有铜框架漆屏风、铜灯以及金、铜、玉等不同质料的带钩等。在墓主身上共发现9枚印章，其中有“文帝行玺”金印、“泰子”金印、“泰子”玉印、“赵眛”玉印、“帝印”玉印等，为推断墓主身份提供了重要依据。

错金铜虎节

东侧室是南越王4位妃妾的葬所。出土了“右夫人玺”、“左夫人印”、“泰夫人印”、“夫人印”等印章，表明了她们的身份。出土玉器较多，尤以组玉佩最为精致，此外还有铜镜、铜带钩、银带钩、铜熏炉、铜提筒、金饰片、金串珠、漆六博盘和象牙六博子等。

青玉角杯

西侧室为庖丁厨役之室，发现7个殉人，无葬具，有少量随葬品如铜镜、铜带钩、陶器等。其中1件陶罐内发现篆书“厨丞之印”四字的封泥。

后藏室是储藏食物之所。室内重叠放置有铜、陶质料的器皿100多件，多数器皿内尚存禽畜的残骨和海产品的介壳。

墓门前有1个竖坑，坑中筑有长方形木椁室，为外藏椁。出土有17个大陶瓮及铜车饰、仪仗等，并有1个殉人，其骨骼已朽。其中在3件陶瓮上有“长乐宫器”四字篆文戳记，说明南越国宫室制度仿效汉长安城。

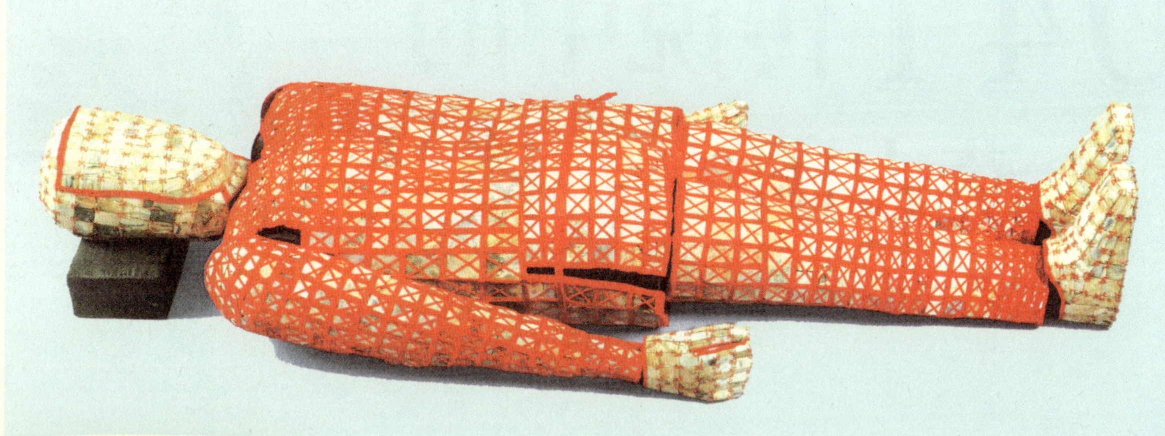

南越王丝缕玉衣

羽人船纹铜提筒

在墓道斜坡尽头出土有陶器、铜镜、铜带钩，还有鎏金铜牌饰等。根据出土器物及放置位置推测，此处应有1个殉人，身份应是墓道卫士，这些遗物为其随葬品。

南越王墓出土遗物达1 000多件，按功能可分为礼器、兵器、生产工具、生活用具、装饰品和药石等，按质料可分为青铜器、陶器、铁器、玉石器、金银器、象牙器、漆器、竹木器、丝织衣物等十多类，其中印玺、玉器等独具特色。南越王墓共出土金、铜、玉、绿松石等质料的印玺23枚，其中“文帝行玺”金印是目前我国发现年代最早、在考古发掘中首次发现的1枚帝玺。墓中出土的玉器达240多件，数量多，品类广，雕镂精。其中的角形玉杯、鎏金铜框玉杯、铜承盘高足玉杯和鎏金铜框玉卮等均为考古发掘中首次发现。

南越王墓是岭南地区规模最大、出土遗物最丰富的一座汉墓，也是我国迄今发现年代最早的一座彩绘壁画石室墓，为研究秦汉时期岭南地区的开发、物质文化的发展、南越国历史等提供了实物资料。1988年，在原墓址建立起来的西汉南越王墓博物馆正式对外开放。除了南越王墓外，南越国的遗存近年还不断有新的发现，如1995年和1997年在广州老城区中心发现了南越国时期的大型石构水池和石构的曲渠，同属南越国王宫御苑遗迹。逝者如斯夫，不舍昼夜！时间就像流水一样奔腾不息，而曾经来过的人们所留下的足迹令后人不断探寻。

汉代壁画墓

汉代壁画墓是西汉晚期兴起、东汉时期流行的以彩绘壁画为装饰的砖、石结构墓。墓主多为地方豪强和高官显贵。壁画内容主要包括墓主庄园中的生产活动场面、墓主仕官经历、经史故事、神话故事、祥瑞图案、天象等类，以毛笔为工具，以朱、绿、黄等色的矿物颜料为着色剂，绘制于墓室四壁、顶部、墓门等部位。汉代壁画墓的发掘和研究，对了解汉代社会和绘画艺术具有重要价值。

041 传说中的大漠古国——楼兰

楼兰国传说神乎其神，究竟怎样却得不到验证，楼兰古城的发现从考古学角度提供了最权威的证据。

楼兰是西域三十六国之一，分布在罗布泊附近，在中国历史上赫赫有名。它原是一个逐水而居的半农耕半游牧的小部落，是古代丝绸之路上西出阳关的第一站，丝绸之路开通后，东西方的商业往来与日俱增，给楼兰经济带来空前的繁荣，域外文明尤其是汉文明传入楼兰加速了楼兰人发展城市文明，因此留下了大量美丽动人的传说故事。

楼兰故城是古楼兰国最重要的历史遗迹。城址在两条古河道的中间，略成正方形，边长330米左右，占地10多万平方米。城墙用泥土、芦苇、树枝等筑成，一条呈西北—东南走向的渠道斜贯城中，与城外的两条河道相连，也将故城分成东北、西南两个部分。城内官署、寺庙、僧舍、望塔林立，马棚、街市遍布，盖房用的胡杨木梁、檩、椽等木构件比比皆是，并大多凿有榫卯、刻画花纹，显示出高超的工艺水平。佛塔及其附属建筑分布于城内东北部。塔系用土坯、糯米浆、柳条砌筑，圆顶，基座四方形，塔身八角形，直径6米左右，残高10多米，是全城最高大的建筑物，附近有配套的僧舍。官衙"三间房"位于城内西南部，是并排的

楼兰故城衙署遗址

楼兰故城遗址地貌

铜釜

三间房子，为城中规格最高的建筑，可能是当时的长史衙署，面积100多平方米，建筑在一块高台上，正中的一间比东西两间宽大，在东面一间房内出土大量的文书简。城内渠道之东房屋建筑，规模宏伟，是高级官吏宅邸和客馆。其他建筑散布在城内，是平民居住区。城外侧有大量与城址相关联的建筑，还能清楚地看到一条东西向的官道痕迹。

楼兰故城是古楼兰国前期政治、经济、文化中心，它依山傍水，为亚洲腹地的交通枢纽，在东西方文化交流中，起着至关重要的作用。古代“丝绸之路”的南、北两道即从楼兰分道，东通敦煌，西北到焉耆、尉犁，西南到若羌、且末。这里出土的文物种类极其繁多，有毛笔、汉简、汉文书、纸片、丝织品、粮食、木器、陶器、铜器、玻璃制品、古钱币等，其中比较珍贵的有晋代手抄本《战国策》、“李柏文书”和汉锦等。手抄《战国策》字纸，比欧洲人最古的字纸要早700多年。“李柏文书”是当时任西域长史的李柏给焉耆王的信件的草稿，是晋代简牍资料中最为集中、内涵最为丰富的文书资料。汉锦色彩绚丽，精致绝伦，绣有“望四海贵富寿为国庆”、“延年益寿”、“韩仁绣文丸者子孙无极”、“昌乐光明”或“延年益寿宜子孙”等吉祥语。在故城附近的墓地中，还曾经出土了彩绘木棺，彩棺上用红、白、黄、绿、黑等绘制钱纹、花卉纹和朱雀、玄武等图案。此外，城址内发现的大量汉文、佉卢文文书及木简，汉文文书主要是当地的行政机构和驻军的各项公文及公私来往信件，佉卢文文书主要为审理案件的记录、买卖土地的契约和公私信件等，内容涉及楼兰的政治、军事、农业、水利与日常生活等各方面，是研究楼兰历史的翔实资料和珍贵信息。因为楼兰故城存留丰富的文物资料，因此它被誉为是一个埋藏

衙署内的汉文木简

在“沙漠中的宝地”，是历史遗落下来的博物馆。

然而古楼兰国却不仅只有楼兰故城一处，它在极盛时期所辖领地覆盖孔雀河中、下游及罗布泊西部、塔里木河下游大面积地区。因此，与古楼兰国相关的重要遗迹除楼兰故城外，还有海头故城、米兰故城、瓦石峡故城等城址和小河墓地等惊世发现。

小河墓地的山丘上，遍地都是木乃伊、骷髅和被肢解的躯体，散布巨大的木板和厚毛织物碎片。在山顶上则有彩绘的巨大木柱、精美的木栅栏、真人一样大小的木雕人像、醒目的享堂等设施，像是一处重要的贵族陵墓。其中的太阳墓更是富有地域特色的墓葬形式。它们位于孔雀河古河道北岸，共有古墓数十座，每座都是中间用圆形木桩围成的死者墓穴，外面用由细到粗的一尺多高的圆木木桩围成一层套一层的7个圆圈，并组成若干条射线，呈太阳放射光芒状，偌大的墓地上，仿佛落下了无数个光芒四射的太阳，每一个太阳，就是一个墓，外表奇特而壮观。据已发现的7座墓葬统计，成材圆木达一万多根，数量之多，令人惊叹不已。至于是哪个部落的墓地、为何葬在这里、为什么把太阳当做图腾建造此墓或者代表哪些宗教意义还是不解之谜。

在墓地中发现了被称为“楼兰公主”的女尸。死者葬在一船形木棺中，双目紧闭，嘴角微翘，脸上浮现神秘会心的微笑。她身材小巧、高仅1.52米，下颏尖圆、鼻骨挺直、眉弓发育、长长的眼睫毛，历历可数。浓密的黄褐色自然卷曲的长发，飘散于肩后，头顶则卷压在尖尖的毡帽中。黑褐色的毡帽边缘饰有耀眼的红色绒线，色彩协调、美观，帽顶左右还缀有几支彩色斑斓的翎羽。颈部围裘皮，身躯紧裹在一件毛线毯中，双脚穿着一双短腰皮靴。

楼兰故城曾经是人们生息繁衍的乐园：近旁有烟波浩渺的罗布泊，城外有清澈的河流环绕，人们在碧波上泛舟捕鱼，在茂密的胡杨林里狩猎，沐浴着大自然的恩赐。它是西域最繁华的地区之一，地处丝绸之路要冲，扼东西交通的门户，是

“望四海贵富寿为国庆”锦

楼兰古城佛塔

汉王朝进入西域的桥头堡。当年在这条交通线上“使者相望于道”，交通繁忙，城市繁荣，有着盛极一时的历史和灿烂的绿洲文化。如今楼兰故城地处塔里木盆地东缘的罗布泊凹地中，四周被沙漠、雅丹劣地和坚硬的盐壳所包围，人迹罕至，环境异常的荒凉、凶险，是可怕的“死亡之海”，充满了神秘可怖的气氛。

古楼兰国盛极而衰，在公元3世纪后迅速退出历史舞台，它的真实历史一直隐藏于各种传说之中，是一个谜一般、梦一般的地域文明。有人说它被战争毁灭，也有人认为它衰败的原因是干旱缺水、生态恶化，与罗布泊的迁移有关，更有瘟疫蔓延等假说，至今也没有找到确切的答案，但人们普遍认为环境恶化是它消亡的根本原因之一，由于生存环境的日益恶劣，古楼兰国的覆灭成为一种必然趋势。

西　域

西域是汉代对阳关、玉门关以西地区的总称。狭义西域范围指阳关、玉门关以西、葱岭(今帕米尔高原)以东、天山南北的广大地区。而广义西域则是指凡是通过狭义西域所能到达的地区,包括亚洲中西部、印度半岛等地区。西域国家主要在绿洲上生活,塔里木河与罗布泊等河湖是这个地区的主要农业、生活水源。汉以前西域小国林立,素有“西域三十六国”之说。唐代设安西都护府及北庭都护府进行统辖,开始在西域建立了完备的行政管理体系。

042 丝绸之路上的奇葩——新疆尼雅遗址

丝绸之路沟通东西方文化，也留下了难得的考古学资料，尼雅遗址因特殊的气候环境条件而保存非常完整，因此文物精品很多。

20世纪初，英国人斯坦因等人在塔克拉玛干大沙漠的南缘尼雅河畔发现了一座古代遗址，收集了佉卢文、汉文文书以及陶器、木雕、钱币、武器、乐器、毛织物、丝织品、家具等珍贵文物700多件，装了满满12箱运回英国，震惊了西方学术界。尼雅从此闻名天下。

尼雅遗址位于新疆和田市民丰县境内，遗址沿尼雅河呈条状分布，南北长约25公里，东西宽约7公里。它是西域三十六国中的"精绝国"故地，时代为两汉至魏晋时期。在汉代它接受汉王朝西域都护府统辖，国土虽然不大，但位于古代"丝绸之路"的咽喉要地，位置十分重要。历史记载当时的精绝国是一个林木茂密、水量充足、美丽富饶的田园式王国。城址以佛塔为中心，周围有民居、古桥、寺院、手工作坊、墓地、贮水池、家畜饲养舍、果树院、田地、林阴路等百余处，到处是成片的绿洲。如今在尼雅遗址茫茫沙海中依然可以看见一座座居民废墟、坍塌的佛寺、被风沙淹没的宫殿、立木做的防风墙、干枯的古桑树以及羊圈、篱笆、水渠等遗迹，从一个侧面显示了当初的繁华景象。

尼雅遗址的地貌十分奇特，古代居住址及枯

尼雅遗址

墓葬发掘现场

树、果园等常常位于一块块高高的台地上。房屋建筑成组地分散在相距不远的地方，建筑的下面有木质地梁，梁上立柱，木柱间捆绑苇席，苇席内插有红柳，再在苇席外面抹泥，构成的墙体精巧坚固，虽经千百年风雨侵蚀仍巍然屹立。民居建筑基本为大宅院形式，一般为多室、多功能结构的组合布局。居室由厅、室、回廊、储藏室组成，屋前有凉棚，屋后为畜厩，住屋内中部有火塘，沿三面墙壁有土炕。屋外有宽敞的院落，以篱笆护栏围成，屋旁栽种桃、桑和葡萄等果树。官署建筑比民居规模宏大，布局严谨，气势非凡，其内出土了大量重要的文书档案。

古桥是遗址地势最洼的一处，桥下是一个早已干涸的蓄水池。桥长约有30米，由三段木头组成，有固定桥的桩柱，是为了便于提水而架设的通向池中的跳板。古桥一带有很多大的房屋群，有饲养场和大果园，厚厚的牛、羊粪历历在目，栽植的葡萄树根，仍整整齐齐露出地面，果园中心有酿酒作坊和酒窖，地面露出大大的陶瓮，可能是当时酿酒或储酒的用具。

宗教建筑有佛塔、寺院。佛塔耸立于遗址的中心，犹如一座导航的灯塔。由土坯砌筑而成，下有方形基座，上有圆柱形塔身，残高6米左右。佛寺平面呈回字型，中部有方形基址，四面有整齐的木柱，底部用木板围绕，上部有栏杆。殿内中间设佛坛，围绕佛坛是供朝拜的回廊。回廊内清理出许多佛像和菩萨像壁画碎片。佛像面庞清晰完整，风格独具特色，不同于新疆和中原地区发现的佛教造像。整个城址以佛塔为中心，反映出佛教在此地的崇高地位。

墓区的发现更加令人惊奇。在一批汉晋时期尼雅上层统治集团的贵族墓地内发现了八座墓，排列井然有序，集中埋葬在仅10米见方的范围内，都是在沙土中挖坑掩埋，葬具用木棺，个别墓的棺上盖有绣花毛毡或地毯。木棺有两种，一种是箱式，带四腿，内为男女双人或三人合葬。棺板经砍凿而成，木板之间用榫卯方式结合，有凿子和铁锯的痕迹。另

蓝地瑞兽纹锦栉袋及木梳、篦子

“五星出东方利中国”锦质护膊

一种是船棺，都是将粗大的胡杨原木内心掏空而成，内葬一人。

随葬品数量多，等级高，保存非常完好。按种类可分为陶器、木器、铁器、漆器、弓矢、纺织品及料珠等，其中纺织品为其大宗，特别是出土了一批组织复杂、色彩绚烂、花纹繁缛的丝织品和精美毛织品，突出特点是织物的流云瑞兽之间，常夹织各种汉字的吉祥语，有“王侯合婚千秋万岁宜子孙”锦衾，还有“延年益寿长葆子孙”、“世毋极锦宜二亲传子孙”、“登高明望四海贵富寿为国庆”、“大明光”、“金池凤”、“广山”等华丽织锦。尤其是一件锦护膊，居然织出“五星出东方利中国”这样的现代式的吉祥语，最为罕见珍贵。这块织锦位于墓主人的腰部，

项　链

面积不大，用白色织物缝边，上下各缝出3根长条带，构成完整的物品。蓝地上用鲜艳的白、红、黄、绿织出丰富的花纹，有云气、虎、辟邪、大鸟和代表日月的红白圆圈，“五星出东方利中国”文字共有上下两排，穿插于繁缛的图案之间，由于蓝白色相间，所以十分醒目。

规模最大的一座箱式木棺墓，棺内葬两人，是一男一女夫妇合葬。墓主人身盖彩色斑斓的锦被，穿着锦袍、锦裤、丝绵短袄、绸衣、绣鞋及皮底勾花鞋，均覆盖锦质面衣。锦被上赫然织出“王侯合婚千秋万岁宜子孙”的汉文文字。女主人着通幅大花锦袍，逐次展现虎、骆驼、单舞人、龙、狮、孔雀、鹿、豹、马、双舞人、卧鹿、小鸟形象。男主人头戴绸面丝绵风帽，女主人丝绵风帽上还扎系一条纹饰艳丽的几何纹带，耳垂珍珠串、金叶，配以红色丝质项链。男主人身边放置着弓箭等武器，女主人身旁则放置盛放梳、篦、化妆品及针线等物的漆盒与镜囊，镜囊之中的龙纹铜镜依然崭新如初、光亮可鉴。墓主脚下有一木盆，内盛已经萎缩干枯的羊腿，并插着用餐时使用的小铁刀，像是刚刚端到餐桌上的情景。

曾经繁华灿烂的精绝国变成了今天震惊世界的尼雅遗址，

“延年益寿长葆子孙”锦

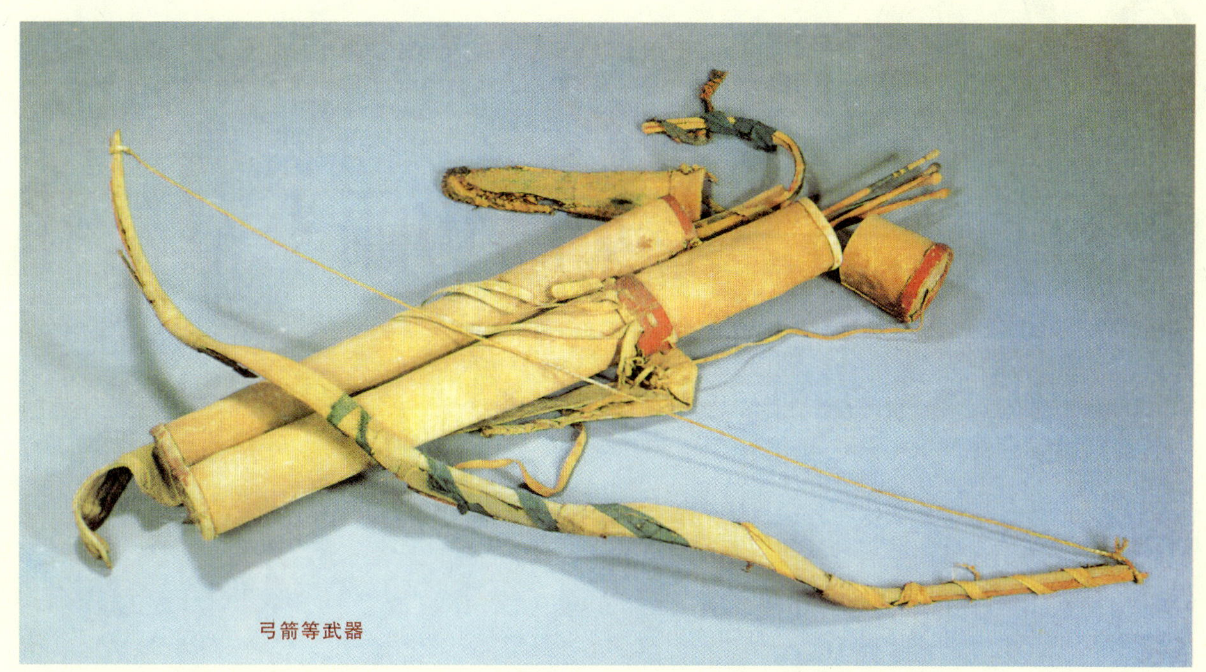

弓箭等武器

有人认为是战争等突发事件导致精绝国的消亡，然而在尼雅废墟中却见不到尸横遍野的战争痕迹：寂静的房屋整齐地摆放着没开封的文书，捕鼠的夹子还在地上，连储藏室内的米也没带走，甚至在一处房屋旁发现了一副完整的狗骨架，显然是主人出走时，忘记了解开拴在柱上的看家狗，而狗却忠实地守候着家园直到饿死……于是，人们又想到是不是自然环境恶化迫使精绝人举国迁移，故园荒废，然而考古学、气象学、水文地质学的综合研究又否定了这种可能。可见这梦幻一般残留于瀚海荒漠中的古代文明带给人们是无数难以破解的历史之谜。尼雅遗址地处古“丝绸之路”南道交通必经之地，反映出文化上浓郁的地域特色，更为研究西域史、丝绸之路史、古代东西文化交流史提供了翔实资料。

“千秋万岁宜子孙”锦枕

丝绸之路

丝绸之路，指西汉时期，由张骞出使西域开辟的以长安和洛阳等为东起点，经甘肃、新疆，到中亚、西亚，并联结地中海各国的陆上通道。因为由这条路西运的货物以中国丝绸制品的影响最大而得名，是沟通中西方的古代商路及文化通道。丝绸之路包括南道、中道、北道三条路线，上下跨越历史2 000多年，隋唐时期空前繁荣，宋以后逐渐衰落。

043 四百年古都旁的积石封土——集安高句丽王室墓葬

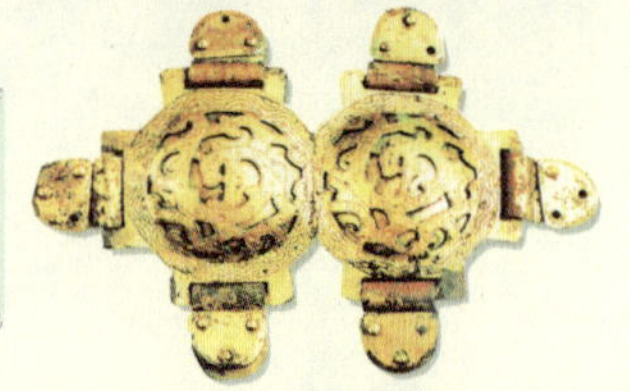

高句丽是东北地区一度实力最强的民族，在今天的集安市留下了许多重要的城址墓葬。

高句丽，也称高丽，是西汉到隋唐时期中国东北地区一个有重要影响力的边疆少数民族。公元前37年，高句丽政权建立。东汉末年，中原战乱，高句丽乘机发展，其鼎盛时期的势力范围包括吉林东南部、辽河以东和朝鲜半岛北部。公元668年，高句丽被唐王朝联合朝鲜半岛东南部的新罗所灭。

高句丽700多年的发展历程中有一多半的时间定都在鸭绿江西岸，即今天的辽宁桓仁与吉林集安一带，直线距离不过70公里左右，它们是高句丽政权早中期的政治、文化、经济中心所在，曾创造了辉煌的历史，累计共460多年，因此这里也是高句丽文化遗存分布最集中的地区，留下了许多王城和贵族墓葬等遗迹。

太王陵远景

城址有平原城和山城之分。早期多山城，以五女山城年代较早，位于桓仁县，可能是早期都城——纥升骨城，是高句丽创建的第一个都城。山城西凭峭壁，南、北、东依山势于凹伏处以板状石块垒筑城墙，南北长1 000米，东西宽300米，南有城门，城内有建筑基址。城址承袭了山城构筑的传统，并在选址布局、城墙筑法、石料加工等方面进行突破和创新，从而形成了一种不同以往的山城形式，在中国古代建筑史上具有里程碑意义。

将军坟远景

平原城以国内城为代表。平面呈长方形，周长2 600多米，以巨大的花岗岩石条奠基，墙面以长方形石材垒砌，厚约10米，残高3-4米。墙上建有角楼、垛台。城西有洞沟河，另外三面设有壕沟。城内外都有建筑基址，设有瓮城。国内城是为数不多的地表保存有石筑城墙的平原城类型都城址，保存下来的城墙依然坚实牢固而又不失美观庄严，都城风范犹存。为了防御，在国内城西北2.5公里处筑丸都山城，并在通往国内城的南道筑霸王朝山城和望坡岭关隘，在北道筑关马墙山城，以拱卫都城。丸都山城的布局因山形走势而巧妙构思，平面为椭圆形，周长近7 000米，修筑在临河断崖和陡峭的山脊上。城墙内外侧用整齐的长方石块堆垒，中间填以卵石。南墙正中设门，门内筑瓮城。城内有水池和瞭望台，城北部发现有台阶、础石、瓦当等，为气势恢弘的王室建筑，并有祭祀和礼仪的场所。国内城、丸都山城是高句丽中期的都城，特点是平原城与山城相互依附共为都城。高句丽王室与贵族在和平时期居住在

莲花纹瓦当

好太王碑

狩猎图壁画

国内城，战时入山城固守，丸都山城变成了国内城的守备城。

在国内城与丸都山城城外，在群山环抱的洞沟平原上，现存近7 000座高句丽时代墓葬，堪称东北亚地区古墓群之冠。古墓群中以将军坟、太王陵为代表的十几座大型王陵以及大量的王室贵族壁画墓是高句丽建筑技艺、艺术成就所达高度的一个缩影。

鎏金铜幔架

高句丽墓以积石封顶为特征。墓多分布于山麓，排列有序，规模悬殊，形式多样，反映了各阶层身分的不同和葬俗的变化。根据时代先后可分为方丘状积石墓、方坛积石墓、方坛阶梯积石墓、封石洞室墓、方坛阶梯石室墓5种。王陵多为方坛阶梯石室墓。

将军坟位于集安城东北龙山脚下，为高句丽第二十代王长寿王陵，墓体建筑雄伟，造型明快庄严，呈阶梯式方锥形，每面以3块巨石倚护，造型颇似古埃及法老的陵墓，有“东方金字塔”之称。每边长31米，高12米，用精琢的巨型花岗岩石条砌筑，共7级，墓室位于第5级中部，长宽各5米，高5.5米，墓室顶部用面积约50多平方米的整块巨石覆盖。在墓的顶端，四边条石上留有排列整齐的圆洞，积土中有板瓦、莲花纹瓦当和铁钩一类构件，是亭阁建筑的遗迹。将军坟后面原有四座式样相同的陪葬墓，是筑于石砌基坛上的石棚，规模小得多，现仅存一座。

铜 灶

将军坟的墓道朝向不远处即为太王陵。太王陵是高句丽第十九代王好太王的陵墓，始建于公元391年，是现存高句丽王陵中唯一确知年代、葬者的典型墓葬。好太王陵是一座大型方坛阶梯石室墓，方坛有基槽，基部近于正方形，边长66米左右，残高14.8米，方向近于正西。有16级阶梯，顶部修筑墓室，盖顶石系一整块长圆形石板，长径8.4米，短径5米，厚0.8米，墓室内置一座两面坡硬山式石椁，内并排两座石棺床。石椁用沉积页岩精磨而成，呈绿、蓝、紫三色，各部分由榫卯结构接合，西侧椁山墙开门，两扇石门通向墓门。

太王陵的东侧矗立着被称为“东方第一碑”的好太王碑。碑体呈方柱型，高6.39米，底部宽1.34−1.97米，四面环刻碑文，字体介于汉字隶书与楷书之间，大小在9−10厘米左右，共44行，每

将军坟——长寿王陵

金　冠

状图案，四隅绘人身怪兽。藻井绘伏羲、女娲、牛首人、仙人、日月星辰、龙虎缠斗等。画面点缀鎏金花饰，龙虎鸟兽眼珠均以绿松石镶嵌。壁画色彩浓重绚丽，线条遒劲而又富有变化，装饰富丽堂皇，布局严谨，代表了高句丽艺术发展水平，从壁画内容和形式，都能看到中原文化的深刻影响。

国内城、将军坟、太王陵等为代表的高句丽都城、王陵及大量的王室贵族壁画墓，从不同侧面反映了高句丽的历史进程，是高句丽文化、艺术的瑰宝。它们是人类智慧的杰作，反映了汉民族对其他民族文化的深刻影响，是研究中国古代少数民族发展史最直观的证据。

行41字，除去行文及碑石缺损处，共有文字1 775个，记述了好太王一生东征西讨的战争功绩和有关高句丽起源及建国的神话传说。它是高句丽保存至今最长的一篇实物文字资料，是研究汉魏之际高句丽政权形成和发展的可靠依据，是我国碑刻艺术宝库中的稀世珍品。

高句丽墓内壁画反映了高句丽贵族生活和社会风俗，虽然距今已有千余年，仍然色彩鲜艳，有很高的学术和艺术价值。前期壁画多绘于白垩壁面上，以描绘贵族生活为主，如狩猎、伎乐等。其中一墓四壁绘主人蹲在凳上，妻妾侍宴，两个壮汉在大树下奋力摔跤，白发老翁拄杖观看，非常传神。中期壁画在描绘贵族生活的同时，出现了四神图。晚期壁画直接绘于平整的石面上，四壁绘青龙、白虎、朱雀、玄武，衬以莲花火焰网

四　神

"四神"即青龙、白虎、朱雀、玄武，又称四象、四灵等。在神话里四神象征天上东、西、南、北各区的星象，以龙、虎、雀(鸟)、武(龟蛇)四组动物来表示。战国以后，五行、五方、五色等说法被附会在一起，东方属木，为青色；西方属金，为白色；南方属火，为朱(红)色；北方属水，为玄(黑)色，四神也相应的成为青龙、白虎、朱雀、玄武。中国古代的墓葬壁画、瓦当、铜镜上保留有较多的四神形象。

044 艺术与文化的宝库
——敦煌莫高窟

敦煌以文书和石窟闻名天下，在研究文化史方面影响重大。

莫高窟，又名“千佛洞”，位于甘肃省敦煌东南鸣沙山东麓的断崖上，是我国三大石窟艺术之一。传说前秦时期，有一个叫做乐僔的僧人行至此处，见鸣沙山上金光万道，状有千佛，他认为找到了心中的圣地，于是决定不再前行，在悬崖上开凿了第一个石窟，塑造佛像，参禅修行，莫高窟由此诞生。此后的几百年时间里，莫高窟的石窟开凿活动一发不可收，鸣沙山上南北长约1 600米的悬崖峭壁，全部被历代达官显贵和佛教信徒争相用于开窟造像，到唐代武则天时，已多达一千多个，成为名副其实的“千佛洞”。石窟分上下五层，现保留洞窟近500个，壁画5万多平方米，彩塑2 400余身，唐宋木结构建筑5座，莲花柱石和铺地花砖数千块，是一处由建筑、绘画、雕塑组成的博大精深的综合艺术殿堂。

敦煌莫高窟外景

敦煌莫高窟被今人重新关注缘起于藏经洞的发现。1900年，负责看守石窟的道士王圆箓发现了一个密室，后来编号为第17窟，洞中藏有公元4-11世纪的佛教经卷、社会文书、刺绣、绢画、纸画、法器等文物达5万余件，被称为“藏经洞”。藏经洞文物发现后不长时间内，英、法、日、俄、美等国的探险者就接踵而至，他们以各种手段，从王道士手中骗取了大量藏经洞文物，并

唐代菩萨塑像

转运到海外，仅少量劫余写经，运至北京京师图书馆收藏。这些探险者除了掠夺藏经洞内文物外，还对洞窟壁画进行了揭取，致使敦煌艺术遭到了不可弥补的损毁，这些强盗被称为“丝绸之路上的外国魔鬼”。

莫高窟艺术的特点表现在建筑、塑像和壁画三者的有机结合上。石窟艺术源于印度，传统造像为石雕，莫高窟因岩质不适合雕刻，所以造像以泥塑、壁画为主。彩塑分圆塑、浮塑、影塑等，把塑、画两种艺术融为一体。壁画类别分尊像画、经变画、故事画、佛教史迹画、建筑画、山水画、供养画、动物画、装饰画等不同内容。全部石窟分为北朝、隋唐、五代—宋，西夏—元四个大的发展时期。

北朝时期洞窟现存近40个，分为禅窟、中心柱窟、覆斗顶窟等形式，禅窟的主室两侧壁凿有小禅室。中主像一般是释迦牟尼或弥勒，主像两侧多为二夹侍菩萨或一佛、二弟子、二菩萨一铺的组合。塑像背部多与壁画相连。窟内顶部和四壁满绘壁画。顶及上部多为天宫伎乐，下部为夜叉或装饰花纹。中部壁画除千佛外，主要画佛传故事、本生故事和因缘故事。其中本生故事有割肉求鸽、舍身饲虎、九色鹿舍己救人等。因缘故事有沙弥守戒自杀、五百盲贼成佛、微妙比丘尼现身说法等。故事画构图除方形或长方形的单幅式外，多为横卷连环画的形式。

隋唐为莫高窟全盛时期，共有洞窟300余个，

唐代 158 号窟卧佛像

唐代 319 号窟天王

占洞窟总数60%以上。典型窟形是平面方形的覆斗顶窟。窟内除正壁一龛的布局外，还出现三壁各凿一龛的形式。龛体加深，位置升高。龛形平面多作梯形，龛顶上仰，口向左右敞开，便于展示龛内塑像，龛内有低坛，坛上置塑像。唐后期壁面不凿佛龛，在窟内中部设置方形佛坛，佛坛后部有通连窟顶的背屏，塑像置于佛坛上。如大卧佛窟，平面为横长方形，后部凿台，其上塑涅槃像。唐代塑像主要是一佛、二弟子、二天王或加二力士的七身一铺或九身一铺的组合。莫高窟最大塑像皆塑于唐。第130窟称“南大像”，高26米。第96窟大佛是莫高窟中最大的塑像，其外侧附岩而建9层楼，是莫高窟的标志性建筑，高33米，与崖顶等高，巍峨壮观，也叫“北大像”。窟内平面近于方形，靠正壁为一尊石胎泥塑大倚坐像，坐像两侧和后部凿出供绕行巡礼的隧道。唐代窟中壁画主要是大场面的说法图和简单的经变图，其规模极为宏伟，表现出天国的壮丽图景，其中最著名的是各种各样的飞天形象。前期一般是每壁一幅经

唐代 384 号窟供养菩萨阿难等

61窟的五台山图，图高近5米，长13.5米，通贯全壁，面积达60平方米，是莫高窟最大的一幅壁画。图中概括了河北道镇州经五台山至太原数百里内的山川地形、城镇，画有城郭、寺庙、桥梁、亭阁、店铺、草庐等各式建筑170多处，并描绘了各种人物的活动场面，生活气息强烈。这时供养人像更趋高大，一般都在2米以上。大型洞窟前都建有木构殿堂建筑。

西夏、元时期主要对石窟进行修建、重修，新开凿洞窟很少。壁画构图和人物形象都过于程式化，显得呆滞而缺少生气。壁画中较多地使用沥粉堆金手法，色彩多用大面积的绿为底色，用土红色勾线，整个画面色调偏冷。西夏时最大的功绩是重绘了70多座洞窟的

变，同一窟内题材种类不多，后期经变画种类增多，多种经变汇于一窟。唐后期在横幅长卷式壁画上，由仪仗、音乐、舞蹈、随从护卫等人物分段布满画面，组成浩浩荡荡的出行图，开创了莫高窟在佛窟内绘制为个人歌功颂德壁画的先例，对后世影响很大。

五代时石窟造像丧失生命力，宋代起逐渐步入衰退。这时期洞窟将近100个。除新开凿部分大型洞窟外，多是改建、重绘前代旧窟。新开的大窟平面均为方形，窟内中部置方形佛坛，坛上置塑像。塑像的内容和组合，多沿袭唐代。其中第

唐代 45 号窟迦叶

反弹琵琶飞天壁画像

西魏时期塑像

全窟或大部分壁面，延长了壁画的保存时间。这个时期的壁画多带有不同于汉族画风的绘画手法。窟四壁和窟顶布满密宗曼荼罗和明王像，四壁下部为各种生活场面人物画，画上有墨书题写的藏文音译汉字和汉文意译名称，带有浓郁的藏画风格和神秘情调。有的壁画以密宗千手千眼观音菩萨像为主，壁面以细而刚劲的铁线勾描人物形体，用兰叶描和折芦描表现衣纹和飘带的转折顿挫，线描技巧造诣很高。

石窟前保留有建筑遗址。一种是砖包台基殿堂建筑遗址，规模一般都较大。均位于洞窟前面，后部与洞窟连通。另一种是土石基结构的遗址，一般结构均较简单，规模较小，没有台基，也不铺花砖。

敦煌莫高窟内容涉及古代宗教、艺术、历史、语言、文学、民族、科技、建筑等领域，是中华民族的文化瑰宝，它的建筑、壁画、彩塑等直观记录了中国美术的发展史和中西文化交流的历程，具有极高的艺术价值和历史价值，堪称文化艺术的宝库。

唐代 328 号窟佛一铺

石　窟

石窟是指在河畔山崖上开凿出来的佛教寺庙，因为绝大多数是一所所石质的洞穴，有着佛教寺院性质的使用功能，所以称作石窟寺，简称石窟。石窟起源于印度。中国最早的石窟开凿于公元3世纪，5–8世纪是石窟发展的鼎盛期，最晚可到达16世纪。比较著名的石窟有敦煌莫高窟、大同云冈石窟、洛阳龙门石窟、麦积山石窟等。

045 仙境中的佛教艺术殿堂——云冈石窟

佛教自从传入中国就得到了迅速发展，在各地留下了大量的佛教遗存，云冈石窟是其中比较重要的一处。

云冈石窟位于山西省大同市西约16公里处的武州山南麓。武州川北岸。石窟依山开凿，东西绵延约1公里。依山势的自然起伏，分为东、中、西三部分。现存主要洞窟53个，小龛1 100多个，大小造像51 000多尊。最大者高达17米，最小者高仅几厘米。云冈石窟是北方地区开凿较早、以北魏洞窟为主体的大型佛教石窟寺，与甘肃敦煌莫高窟、河南龙门石窟并称“中国三大石窟群”，也是世界闻名的石雕艺术宝库之一。北魏郦道元在《水经注·漯水》中这样描述它：“凿石开山，因岩结构，真容巨壮，世法所希，山堂水殿，烟寺相望。”这是当时石窟盛景的真实写照。

云冈石窟西部窟群外景

6号窟西壁中层南侧佛龛

佛教与中国的道教之间，在北魏有过激烈的斗争。北魏“太武灭佛”事件，成为促成云冈石窟开凿的间接契机。文成帝即位，下令恢复佛法。云冈石窟的大型洞窟，就是北魏文成帝和平初年(460)至孝文帝太和十八年(494)迁都洛阳前这30余年间开凿的。较小窟、龛的开凿则一直延续到孝明帝正光五年(524)。北魏石窟的开凿可分为三个阶段。

第一阶段为文成帝和平年间(460–465)。由来自凉州的名僧昙曜主持，即著名的昙曜五窟，编号为16–20号窟。平面呈马蹄形，穹隆顶，这种窟形应是模拟古代印度的草庐形式。窟内的造像主要是表现过去、现在、未来的三世佛，外壁雕千佛。这5个石窟的主体造像形体高大，占据窟内主要位置，相传是以北魏太祖以下五帝为原型雕造的。佛面相方圆，身着袒右肩或通肩袈裟，衣纹厚重凸起，线条简洁。从造像上可以看到犍陀罗艺术的某些影响。其中16号窟主像释迦立像，面目清秀，年轻英俊，可能是当时在位的文成帝的模拟像。19号窟主像为释迦坐像，高16.8米，为云冈石窟第二大造像。20号窟前壁早已坍塌，主像露天，为释迦坐像，高达13.7米，胸以上部位保存较完整，面部丰满，肩宽背挺，造型雄伟，雕饰精美，为云冈石窟雕刻艺术的代表作，显示了北魏早期作品的特色。

第二阶段为文成帝和平六年至孝文帝太和十八年(465–494)。现存的一批主要的大型石窟都是在这一时期开凿的。窟体平面多呈方形，多有前、后室，有的窟中央立塔柱。造像中大型佛像减少，题材多样，突出释迦，出现世俗供养人行列。佛

16号窟释迦立像

像身着褒衣博带式佛装。5号窟后室北壁主像为释迦坐像，高17米，为云冈石窟最大的佛像，外部经唐代泥塑重装。6号窟规模巨大，装饰炫目，是云冈石窟具有代表性的洞窟。窟洞高达20米，中央矗立着一个截面约60平方米的二层方形大塔柱，直抵洞顶。整个塔柱和洞壁嵌满了大小佛龛和多种装饰。塔柱四面大龛两侧和窟东、南、西三壁

6号窟中心塔柱南面

以及明窗两侧，刻有33幅描写释迦牟尼从诞生到成佛的“佛传图”浮雕故事，内容连贯，构图精巧。

第三阶段为孝文帝太和十八年（494）迁都洛阳后至正光五年（524）。多为中小型石窟。佛像面容清癯，长颈，削肩，身着褒衣博带式佛装，衣纹下部褶纹重叠，藻井中飞天飘逸洒脱，具有浓厚的汉化风格。题材方面多为佛传故事，弥勒与释迦并重。其中15号窟最具代表性，四壁满雕1万余尊小佛坐像，人称万佛洞。

北魏灭亡以后，唐初贞观十四年（640）在云冈又开始进行个别的石窟工程。3号窟后室的3尊大佛，风格与其他洞窟的显然不同，很可能是初唐时在北魏未完工的后室开雕的。辽兴宗、道宗时期，曾在云冈进行了规模宏大、历时10年之久的工程，修建了十寺，都是后接石窟、前建木结构窟檐的大寺。辽末，金兵攻占大同，十寺被毁，现仅在云冈崖面上部残存有大量的梁孔椽眼。此外，在13号窟南壁下部佛龛上曾发现辽代“修大小一千八百七十六尊”佛像的铭记。金皇统三年至六年（1143-1146），重修灵岩大阁九楹等建筑，至元末尚存。明末，云冈寺院再度沦为灰烬。清初顺治八年（1651）重修云冈寺，即现存的5、6号窟的木构窟檐。

到了近代，特别是19世纪末20世纪初，云冈石窟遭到空前洗劫。新中国成立前被盗走、打坏

10号窟前室须弥座八角形千佛列柱

19 号窟倚坐佛像

的佛头、佛像达1 400多尊。新中国成立后，对云冈石窟进行了一系列的维修、保护和考古发掘等工作，取得了重要成果。在五华洞窟前进行的较大规模的发掘中，发现北魏石雕瓦顶残迹、地面石刻花纹，以及辽代木构窟檐遗迹、遗物等，对了解北魏窟仿木构石雕窟檐、地面装饰及“辽代十寺”有一定的参考价值。新发现3处洞窟，特别是3号窟前室上部弥勒窟室的发现，为3号窟作为昙曜大型禅窟提供了佐证。在11号窟以西岩面上的窟龛发现北魏和辽代彩绘遗迹，在11号窟上方还发现有太和十三年(489) 铭记的释迦多宝龛。在3号窟窟前遗址的发掘中，发现了北魏时期基岩地面未凿完的痕迹，对研究石窟的开凿程序、方式等具有重要意义。

云冈石窟形象地记录了印度及中亚佛教艺术向中国佛教艺术发展的历史轨迹，多种佛教艺术造像风格形成的“云冈模式”，不同程度地影响了中国各地的佛教石窟造像。1961年国务院公布为全国重点文物保护单位，2001年被列为世界文化遗产。云冈石窟内的大佛睿智、神秘的微笑，使人领略到粗犷的北方文化和独特的边塞风情。

7号窟后室窟顶中部南侧飞天

三武灭佛

佛教自东汉传入中国以后，发展极为迅速，但在北朝与晚唐时却几度遭受灭顶之灾：北魏太武帝、北周武帝、唐武宗先后三次掀起大规模的禁佛、灭佛运动，这些在位者的谥号或庙号都带有武字，因此称为“三武灭佛”，若加上后周世宗时的灭佛则合称为“三武一宗灭佛”。唐武宗灭佛又称为“会昌法难”，是中国历史上规模最大的宗教迫害活动。

046 千年古刹内的地宫珍宝——法门寺

法门寺地宫中出土的八重宝函和佛骨舍利曾经震惊了中外，寺庙的历史也有传奇色彩。

半边倒塌的法门寺明代砖塔

法门寺是我国著名的古刹，位于陕西省扶风县城以北约10公里的法门镇，东距西安100多公里。寺内原有明代万历十三年（1585）重建、民国二十八年（1939）修葺的13层八角砖塔一座，1981年因霪雨等原因突然倒塌。

法门寺始建于何时？传说颇多。一种说法是创建于东汉桓、灵之间（公元2世纪中期）。据佛教典籍记载，至迟在北魏时期，寺塔已经存在。法门寺先有塔，后建寺，原名不是法门寺。塔名阿育王塔，传说是印度阿育王所建的八万四千塔之一，寺因塔而得名。在唐代因是佛骨的保存地而备受尊崇。唐自太宗即帝位第五年始，至懿宗咸通十二年（871）止，历代皇帝曾先后7次开启法门寺地宫，迎佛骨进京供奉。塔因各种原因多次被毁，多次重建，名称也屡次更改。

为重建此塔，1987年，陕西省考古研究所等单位对塔基及其

地宫出土八重宝函

外围进行了发掘清理，发现了叠压在一起的明代和唐代塔基遗迹，还发现了唐代的寺塔地宫。明塔塔基平面略呈圆形，夯筑，东西直径约19米，南北直径约20米，基槽与明代的13层八角砖塔底部完全吻合。唐代塔基为方形，青石砌边，夯筑，边长26米。唐塔比明塔大，且设有回廊。在塔基正中部位发现了唐懿宗咸通十四年（873）建造的地宫藻井盖，就在井盖揭开的刹那间，地宫的辉煌之光乍现。藻井盖是地宫的顶，那么地宫的入口在哪儿？经过仔细寻找，在罗汉殿之北发现了地宫入口，入口向北有一段20级踏步漫道，发掘时漫道上布满铜钱和朱红颜色。拾级而下，是一个略呈方形的平台，上面也散置着大量铜钱。平台清理出来后，巨石封堵的地宫之门展现在眼前。吊离封门石，石门显现出来。依据显露的浮雕双凤门楣石，以及出土的铜钱等，考古专家推断地宫建于唐代，这也为后来的发掘所证实。地宫大门在封闭1 100多年之后被缓缓开启。

地宫出土秘色瓷八棱净水瓶

地宫位于塔基的正下方，由踏步漫道、平台、隧道、前室、中室、后室及后室秘龛组成，平面略呈长“甲”字形，总长21.12米。地宫前后共有4道加有铁锁的石门，每道石门精雕细刻，彩绘鲜艳。踏步漫道、平台、秘龛的地面用方砖铺就，隧道及前、中、后室均用石灰石和大理石构筑。地宫内发现两通石碑，即《大唐咸通启送岐阳真身志文》和《监送真身使随真身供养道具及金银宝器衣物账》，细述了法门寺寺庙的沿革、佛指舍利及咸通年间迎佛骨的盛事和唐僖宗送回佛骨以及诸多赏赐的经过，还有赏赐物品的清单，可与地宫内出土文物进行对照。前室遗物中最重要的是一座汉白玉的阿育王塔，以及大量的丝织品，此外还有石函、铜锡杖、白瓷瓶等。中室的中央是一座汉白玉的灵帐，其前置一铜熏炉，其后置一大型银风炉，两旁各有一护法天王。风炉和天王前有秘色瓷、漆盒、捧真身菩萨等及大量丝织品。后室以八重宝函为中心，堆满了金银器。因室内面积仅约1.6平方米，许多

塔基及地宫

唐代贵族的饮茶习俗。供养器有菩萨像、棺椁、宝函等。法器有锡杖、如意、钵盂等，如金花双轮十二环银锡杖、单轮十二环纯金锡杖等。秘色瓷共16件，包括瓶、碗、盘、碟等，在《监送真身使随

器物都是分层摆放的。八重宝函是地宫中最重要的供奉之物，宝函顶盖上放一尊鎏金菩萨像，两侧有石雕护法天王。在后室北壁中间地下深约0.5米处，有一个面积约0.65平方米的竖坑，坑北壁开有秘龛。龛为砖砌方形，口宽28厘米，高26厘米，进深28厘米。龛虽小，却是秘藏3号佛骨舍利之处。

地宫中的珍宝令人叹为观止，主要有两大类。一类是佛骨舍利，共4枚，分别供奉于地宫后室的八重宝函之内、中室的汉白玉双檐灵帐之中、后室的秘龛内、前室汉白玉阿育王塔内的铜浮屠中。另一类是为供养舍利而奉献的物品，有金银器、铜铁器、瓷器、琉璃器、珠宝玉器、漆木器及大量的纺织品和铜钱等。金银器共120多件，可分为生活用具、供养器和法器三大类。生活用具有食容器、熏香器、茶具等，包括鎏金鸳鸯团花纹双耳圈足银盆、鎏金银龟盒、鎏金卧龟莲花纹五足朵带银熏炉、鎏金双蜂团花纹镂空银香囊、银芙蕖等。出土的1套金银茶具，包括茶槽、茶碾、茶匙、茶罗、盐台、笼子等，种类齐全，为以往所不见，反映了

地宫出土捧真身菩萨

地宫出土鎏金银茶碾子

真身供养道具及金银宝器衣物账》中有明确记载。琉璃器共20多件，产自东罗马、西亚、中国，如东罗马的盘口贴塑琉璃瓶、伊斯兰早期的刻花及素面琉璃盘。

法门寺地宫是仿照唐代皇室墓葬的形制建造的，是迄今发现的全国最大的佛塔地宫，从咸通十五年（874）封闭后，从未开启。地宫中的珍宝数量大，而且是皇室献供之物，规格等级很高。金银器代表了唐代特别是晚唐时期的最高水平，其上多刻有铭文，内容丰富，年代明确，补充了文献记载的不足，为研究唐代金银器的制造等提供了极为重要的实物资料。丝织品种类齐全，织造技术高超，是唐代考古的一次重大发现。秘色瓷是突破性的发现，解决了陶瓷史上众说纷纭的秘色瓷的颜色及烧制年代等诸多问题。而琉璃器是当时中西文化交流的重要物证。

1988年，法门寺真身宝塔和用于珍藏文物的博物馆建成并对外开放。重建的法门寺再现昔日雄风，不仅接待着各方来宾，藏品还出展世界各地，接受着佛教徒的膜拜与观者的欣赏。

秘色瓷

秘色瓷是越州窑的产品，主要供宫廷使用，由于缺乏明确的实物例证，有关秘色瓷的一些问题长期悬而未决。1987年法门寺地宫出土的16件秘色瓷，在地宫内的1通石碑《监送真身使随真身供养道具及金银宝器衣物账》上有明确记载。其釉色以青绿为主，黄釉带小冰裂纹者少见。通体施釉，润平晶莹。此次发掘证明，至迟在公元874年，秘色瓷已经烧制成功。

047 契丹贵族的地下寝宫——辽代陈国公主墓

契丹贵族，墓中所陪葬物品，除了金银器，就是舶来品玻璃器、琥珀器、玉器等，对少数民族历史研究至关重要。

辽是契丹族建立的国家，公元916年建国，1125年为金所灭，是北方游牧文化的代表。它在极盛时期疆域曾经东起日本海、西至今天新疆、北达贝加尔湖、南到今河北中部与宋朝相邻，势力非常强大。陈国公主墓是辽代陈国公主与驸马萧绍矩的合葬墓，位于内蒙古自治区哲里木盟奈曼旗青龙山镇，是辽中期契丹大贵族的典型墓例。

金面具

陈国公主墓开凿于山前的缓坡之上，为大型多室砖砌壁画墓，墓由墓道、天井、东、西耳室、前室与主室构成，全长16米。墓道两侧及墓室、耳室的顶部均有彩色绘画，形象地再现了公主和驸马日常生活的情景。它的墓道呈阶梯式坡道状，有生土台阶，低处末端有墓门。墓道东西两壁绘有对称的侍从牵马图，人马均作朝向墓道口行走的样子。天井呈东西向的长方形，与墓门之间用砖垒砌，并用石灰灌浆形成厚1米多的封门墙。墓门分两扇，门扇上有门鼻，并用铜锁锁住。墓门屋檐是典型的汉式风格，门顶部有砖雕的门楣、立柱、斗拱、额枋、椽头、瓦垄等仿木结构，均用黑白两色勾轮廓，再绘以红、黄等色彩。耳室分为东西两个，分别位于前室中部的东西两侧，均为平面圆形的穹庐顶，直径1.6米，高2.4米，底部铺长方形地砖。东耳室藏有各种质料的生活器皿、饰品等，西耳室藏有马具、仪卫明器等。

前室壁画仆人像

前室为南北向长方形，前有墓道，后有主室，两侧有连接东西耳室的通道。墓室底部用方砖错缝平铺，顶部为船篷式券顶。墓顶用白灰抹平后绘深蓝色代表天空，并用白色在天空中绘制星斗形象。墓室东壁南端上方绘橙黄色旭日，日中有三足乌，昂首跷立，用墨线勾勒，再加红、绿彩。墓室西壁南端上方绘白色满月，月中有桂树一株，树下伏一只白色玉兔。近前室北半部分，东壁绘男女仆役各一人，均手持侍物，西壁绘有侍卫二人，均手执骨朵。东、西两壁耳室门上方均绘制朝主室方向飞翔的白鹤，周围衬托彩云。前室正中偏南放置一方墓志，用绿色砂岩镌刻，志石与志盖均为正方形，志盖边长89.5厘米，正面边框线刻几何纹，侧面刻缠枝草叶纹，4个斜面上线刻有12个生肖头像的人物，中央阴刻篆书“故陈国公主墓志铭”。志石厚

錾花银靴

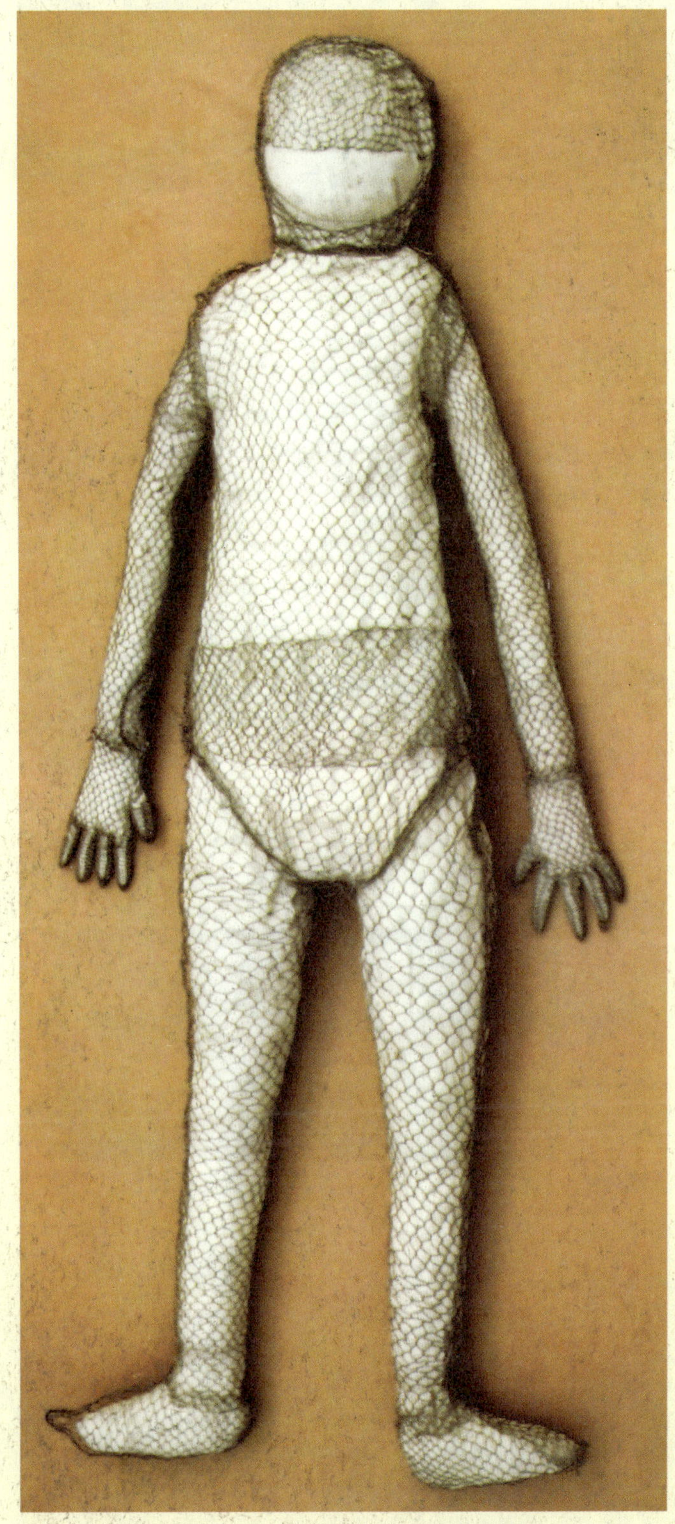
银丝网络

12厘米，铭文为楷书志文，阴刻27行，共513字。书法工整，字迹完好。据铭文所记，墓中女主人为陈国公主，她是辽圣宗的侄女、辽景宗的孙女、耶律隆庆亲王之女，葬于辽开泰七年（1018），享年18岁。驸马姓萧名绍矩，是辽圣宗仁德皇后的哥哥、辽初重臣萧思温之孙，也是契丹大贵族。整套墓志纹饰刻工精细，布局严谨，铭文言简意赅，对仗工整，是研究契丹历史的重要资料。

主室为墓主人葬室，平面呈圆形，直径4.4米，高4米，室顶为穹隆顶，与契丹人的毡帐相似。主室周壁紧贴墙壁用柏木作护墙，共22层，高至墓的顶部，地面用方砖墁铺。紧靠主室北壁有砖砌长方形棺床，棺床前砌长方形供台。棺床及供台的左右壁面与正壁面均砌有小龛，正面龛内绘彩色花卉，并用墨线勾勒花茎及轮廓。棺床上铺柏木，再铺紫褐色织金褥垫，墓主人尸体就置于其上，均仰身直肢，头东脚西，男右女左，女的右臂压在男的左臂上，穿戴装饰极为华丽，显示墓主人高贵的身份及豪华的生活。公主和驸马均穿契丹贵族特有的金银殡葬服饰，头枕金花银枕，身着银丝网络葬衣，脸覆盖金面具，脚穿金花银靴。公主头部上方放置高翅鎏金银冠，双耳戴珍珠、琥珀耳坠，颈佩珍珠项链，两腕戴金镯两对，双手套金戒指11枚。公主腰上束有金铸丝带，身上还佩有金荷包、金针筒、铁刀以及各种各样的琥珀、玉佩等。驸马腰问束金铸银腰带，带上挂着银刀、银锥和一些琥珀饰件等。棺床上装有木框架，并且还悬挂有帷幔，棺床木板周围发现有等距离的长方形榫眼，附近散落一些不同形状的穿孔银构件和银质流苏。

墓葬中有千余件精美的随葬品，主要分

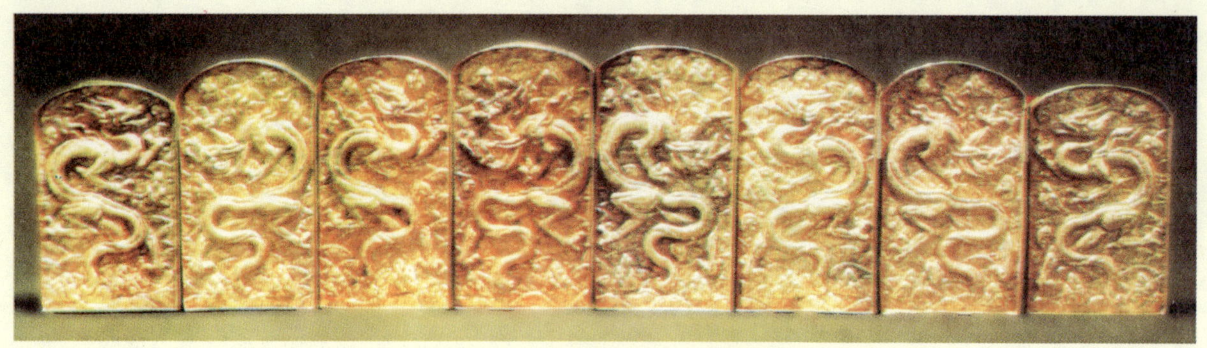

金带铐

布在东、西耳室、前室、主室之内。主要有鎏金银冠、金面具、银丝网络、錾花银枕、金花银靴、金铐腰带、缠枝花纹金镯、镂雕金荷包、錾花金针筒、金饰球、金花银钵、鎏金银勺、鎏金银流苏、镀金铜镜、八曲花式银盒、银盏托、银壶、银罐、银刀、铁刀、木俑，各种玻璃器、玉器、玛瑙器、水晶器、木器，还有银质马具、狩猎用具、精美的青瓷器和白瓷器等。金银器制作工艺继承前代的工艺技法，并有所创新，与反映本民族游牧生活习俗的各种器形融为一体，形成了地域特色。陈国公主所戴的鎏金花鸟镂空银冠尤其精美，是辽代金银器之精品。其冠顶呈圆形，两侧有立翅，各向外撇，通体镂空。冠正面及立翅均饰展翅欲飞的凤凰，周围饰缠枝花卉，纹饰、造型华美，富有少数民族风格和地域特色。金面具与埃及古墓中出土的金面具功能颇为相似。驸马的玉柄银刀，长26.8厘米，虽经千年沉埋，至今仍然寒光闪闪、异常锋利。公主与驸马所系的金铐腰带，虽然出土时丝带已腐朽无存，仅存龙纹金带铐8件，却是迄今所见的辽代最完整、形式多样的腰带。铐是古代腰带上的饰物，其质料和数目随佩戴者的身份而异。金带铐长10.6－12.4厘米，宽6.2厘米，呈圭形，模压而成。其正面纹样主题为游龙，四周錾刻海水江崖和云纹，背面焊有5个银质饰件，内穿银丝，以便缀于带上，银丝上穿有银质小垫片。

辽陈国公主墓的发现，直观展现了契丹大贵族独特葬俗的全貌。公主虽是亲王之女，但一切礼遇皆与帝女相同。墓葬中的玻璃器、琥珀器、玉器等，大多产自西域，均来自中亚地区，可能是契丹皇帝赏赐给陈国公主的珍宝，足见皇帝对公主的喜爱程度之深。此时为辽圣宗开泰年间，正是辽代政治、经济文化趋于繁荣时期，格外注重与西域的商贸交流。这批珍贵文物为研究当时契丹社会经济、文化以及中西文化的交流都提供了重要参考资料。

水晶杯

玻璃器

中国古代称玻璃为“药玉”、“硝子”、“料器”等，而以“料器”一名使用最为普遍。西周玻璃器形式简单、质地疏松；东周玻璃器以仿玉为主，光洁度好，工艺水平较高，并延续到两汉时期；魏晋南北朝玻璃器异域风格加重、器物轻薄、透明度较好；唐代波斯风格浓厚，作品瑰丽多姿；宋元玻璃器以小型器为主。清代玻璃器数量多、工艺高超、色彩绚烂，是中国古代玻璃工艺的鼎盛期。

048 贺兰山脚下的“东方金字塔”——西夏王陵

被誉为“东方金字塔”的西夏王陵，以陵墓本身及陵内发现物填补了西夏历史的空白。

在距宁夏银川市不远的贺兰山脚下，分布着一片高低不同的黄色土丘，当地的老百姓一直称它为“昊王坟”，“昊”就是西夏开国皇帝李元昊的“昊”。明代安塞王朱秩炅作《古冢谣》曰：“贺兰山下古冢稠，高下有如浮水沤，道逢古老向我告，云是昔时王与侯。”究竟是否如此？在考古工作者介入之前，一切都还是那么神秘。1972年，宁夏博物馆接到报告，当地驻军某部在

1、2号陵远景

6号陵全景

此处施工时在地下1米多深处，翻出了不少文物。随后，宁夏博物馆派人调查并进行了发掘，发现了大量刻有西夏文字的残碑片等，从而确认这片陵墓群就是早已消失在中国历史中的西夏王陵。

西夏（1038-1227）是以党项族为主体建立的封建王朝，号“大夏”，定都兴庆府（今银川市），辖西北广袤地区。西夏前期与北宋、辽鼎立，后期与南宋、金对峙，倚贺兰山以为固，雄踞塞上，立国近两个世纪，先后传位十主，为中国西部地区的开发做出了不朽贡献。

3号陵碑亭出土人像石座

西夏帝王选择贺兰山东麓作为陵园，不仅因为这里地阔坡高，可居高临下俯视银川平原，还可极目远眺波涛汹涌的黄河，而且因为这里距西夏都城很近。王陵区南北长约10公里，东西宽约4.5公里，面积近50平方公里。20世纪70年代至今，陵区内共发现王陵9座、陪葬墓250多座、陵邑1处。

9座王陵的规模都十分可观，每座占地面积8-15万平方米不等。各自又是一个独立、完整的建筑群。各王陵方向坐北朝南，呈南北向长方形，布局基本一致。陵园地上建筑以夯土为主体，每座王陵包括角台、阙台、碑亭、月城、内城、献殿、陵台几部分。有的陵园有外城。陵园自南向北以东西对称的阙台、碑亭及平面连接为“凸”字形的月城和内城组成基本结构。长方形内城是陵园的主体，醒目的塔式陵台位于内城西北，高达20多米，体现出西夏陵园的特色，被中外游客誉为“东方的金字塔”。内城前加月城，墓室偏处内城西北角，其上建塔式陵台，应是西夏王陵自身的特点，而为北宋诸陵所不见。

6号王陵的发掘揭示了西夏王陵地下部分的形制。这座陵遭到多次盗掘，墓室受到严重破坏，随葬品所剩无几，但仍可看出其宏大的规模。墓葬为多室土洞墓，由墓道、甬道、中室、东侧室、西侧室组成。最深处24.6米。在甬道残存的墙壁上，依稀可见武士像壁画。墓室地面铺方砖，保存较好，墓壁有护墙板的朽木痕迹。残存随葬品有铜丝、铜泡饰、铜甲片、瓷片、竹雕、盔形铁器和鎏金银饰等。大量铁制武器残片的出土，反映了当时战争的频仍。

目前对9座王陵的归属学术界还有争议，一般认为3号王陵即为“昊王坟”，是王陵中保存最好的一座。陵园无外城，其余形制与6号王陵相似。值得注意的是，在陵门两侧及围墙四角处，皆用相互连接的圆形夯筑墩台构成。如陵园东南角由五个相互连接的墩台组成拐角，中间墩台最大，两侧墩台依次缩小。这一奇特的建筑形式是唐宋考古首次发现。

王陵旁边，陪葬墓林立，规模大小不等，反映了西夏森严的等级制度。182号陪葬墓是一座带阶梯墓道的单室土洞墓，出土遗物有石狗、石马、瓷器、唐宋货币及少量丝织品残片，大量的随葬品是家禽、家畜。丝织品有罗、绫、锦三个品种，其中异向绫和茂花闪色锦为其他地区所少见。177号陪葬墓为单室土洞墓，出土遗物中最重要的是铜牛和石马。铜牛长120厘米，高45厘米，重188公斤。表面鎏金，表现出了较高的铸造工艺。石马为砂

6号陵出土绿釉鸱吻

177 号陪葬墓出土石马

3号陵出土灰陶迦陵频伽

岩圆雕，线条简洁，作风古朴。身长130厘米，高70厘米，重达355公斤。

西夏王陵历次调查、发掘工作，采集和出土的文物数以千计，其中建筑构件最多，反映出西夏建筑的工艺水平。3号陵出土的迦陵频伽是极其少见的建筑构件，为陶胎，有的还施釉。其中一件灰陶的迦陵频伽，长50厘米，宽35厘米，高45.3厘米；底座长24厘米，宽19厘米。人首鸟身，长尾，双腿及爪骑于底座之上，底座为圆角方形，正面饰卷云纹弯曲于两侧。迦陵频伽在佛教史上享有崇高的地位，相传它是雪山中的神鸟，能发出美妙的声音。6号王陵西碑亭出土的绿釉鸱吻，高152厘米，宽92厘米，厚32厘米。鸱吻是屋顶正脊两端的装饰物。这件鸱吻为龙首鱼尾造型，遍饰鳞甲。因其形体硕大，可推知其所在建筑规模之宏大。

残碑在出土遗物中占有十分重要的地位。9座王陵有碑亭遗址16座，200多座陪葬墓约三分之一有碑亭。出土的残碑刻有西夏文、汉文。碑文字体清秀，刻工娴熟。这些碑文是研究西夏史极为珍贵的资料。王陵碑亭还出土多件引人注目的人像石碑座，由灰色或红色砂岩雕凿而成，大致呈正方体，顶部平整，有的中心有一榫孔，正面以剔地起凸手法凿出人像。人像有男性形象，也有女性形象。人体呈屈膝跪坐式，如负重物之状，形象生动。

陵墓中出土的大量家畜、家禽骨骼以及铜铸、石雕的马、牛、狗等形象，反映了在西夏人的社会生活中，畜牧经济占有重要地位。

风雨西夏，党项悲歌。1227年，蒙古大军攻下了西夏都城兴庆府，曾在中国历史上威震一方的西夏王朝灭亡了，党项族也从此逐渐消失，惟有贺兰山下的一座座高大的西夏王陵，仍然默默矗立在风雨之中，展示着神秘王朝的昔日辉煌。

西夏文残碑

西夏文

西夏文是记录西夏党项族语言的文字。李元昊称帝前，命大臣野利仁荣创制。共五千余字，形体方正，笔画繁冗，当时称为“蕃书”。结构仿汉字，又有其特点。以会意字和形声字为主，单纯字较少，合成字占绝大多数。书体有楷、行、草、篆等。西夏国灭亡后，西夏文逐渐成为死文字。经过近几十年来国内外学者的深入研究，已经基本能够解读。

049 “断头政治”皇帝的地下宫殿——明代定陵

明朝历史跌宕起伏，万历皇帝30多年不理政事，但搜刮民脂民膏却极尽能事，他的陵墓奢华程度是超乎想象的。

定陵玄宫

明朝后期，政治开始没落，皇帝数月、数年甚至数十年不上朝，这被称为“断头政治”，皇帝把大权交给了身边的太监。而其中最为有名的“断头政治”皇帝就是明神宗万历皇帝朱翊钧，长达30年不出宫门，不理朝政，以至于朝臣不知皇帝长相如何。万历是明朝第13位皇帝，10岁继位，在位48年（1573－1620），是明朝在位时间最长的一位皇帝。历代建造帝王陵寝都是朝廷的一件大事，万历当然也不甘落后，继位不久就亲自选定陵址，并于万历十二年（1584）动工，历时6年完成，耗银800万两。陵墓建成，朱翊钧才28岁。到万历四十八年（1620）入葬，陵墓整整闲置30年之久。

定陵是万历皇帝与孝端、孝靖两位皇后的合葬墓，为北京昌平的明十三陵之一，位于陵区中部偏西的大峪山下。1956－1958年，北京市文物调查研究组和中国科学院考古研究所组成工作队，由夏鼐主持对定陵进行发掘。

定陵的规模、形制完全仿照嘉靖皇帝的永陵。主体建筑由地上和地下两部分构成。地上建筑从十三陵总神道过七孔石桥，向西北直达陵园前的无字碑，碑后是陵园。陵园建筑有祾恩门、祾恩殿、明楼和宝城。四周有两道围墙，内墙后接宝城，外罗城后接大峪山。祾恩殿是陵园的主要建筑，是祭祀陵寝的场所。明楼有石榜，其上刻“定陵”两个涂金大字。明楼内有1通石碑，碑额篆刻“大明”二字，碑身用楷书刻“神宗显皇帝之陵”。宝城是陵园的最后部分，由城墙围成圆形。宝城内填满黄土，中部用白灰掺黄土夯筑，堆得最高而成为宝顶。

青花云龙纹油缸

地下建筑位于宝城封土下面，由隧道和玄宫组成。隧道是进入玄宫的通道，包括隧道门、砖隧道和石隧道。玄宫，俗称地下宫殿，是放置棺椁的地方。玄宫由甬道和前、中、后三殿及左、右配殿组成，全部用石材垒砌，高大宽

定陵全景

敞，总面积达1 195平方米。各殿之间有石门相通，石门用整块白石制成，重4吨，殿堂封闭时，用“自来石”顶门。当年发掘定陵时，要进入玄宫，开启前殿的石门是个关键。从门缝可以看到里面有个石条顶着大门。如何拿开这个“自来”的顶门石呢？中国浩瀚的史籍给考古队员提供了重要的信息，

缂丝十二团龙十二章衮服

据明史记载，崇祯皇帝葬于田贵妃墓内时，曾用“拐钉”钥匙打开石门。聪明的考古队员自制了“拐钉”钥匙，打开了这封闭了300多年的沉重石门，神秘的地下宫殿和稀世珍宝豁然展现在人们面前。

玄宫前殿长20米，宽6米，高7.2米，南北两侧墙壁用9层石条平铺，上部起券。地面用长方形澄浆砖平铺。澄浆砖由于质地细腻，犹如沙中澄金，故称澄浆砖，俗名金砖。中殿的建筑方式基本与前殿相同，长32米，宽、高与前殿一致。中殿西侧有3座石神座，万历皇帝的神座居中，两位皇后的神座分居左右。各神座前设有黄琉璃五供，包括1个香炉、2个烛台和2个香瓶，五供前各有一口高和直径均为70厘米的青花云龙纹大瓷缸，缸中原来盛满长明灯灯油，供点长明灯用。后殿是玄宫中最大的殿，长30.1米，宽9.1米，高9.5米。后殿中部偏西设有宝床，上面摆放着万历皇帝和两位皇后的棺椁。宝床中部万历皇帝的椁下有1个填满黄泥的长方形孔，当是所谓的“金井”，传说是棺椁吸收地气的通道。万历皇帝和两位皇后各有朱漆的一重椁和一重棺，尸体均已腐烂。棺椁连同尸骨皆毁于“文化大革命”时期。

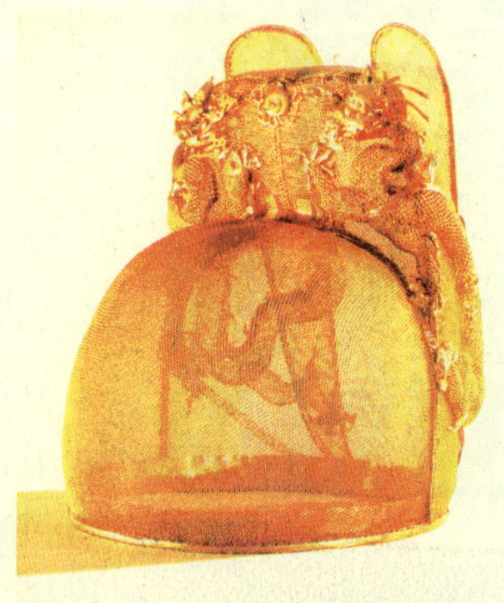

二龙戏珠纹金丝翼善冠

玄宫内的随葬品共2 600多件，主要分布在后殿万历皇帝和两位皇后的棺内和宝床南北两端的随葬器物箱中，种类繁多，用途多样。其中有木制的谥册、谥宝、俑等，还有金、银、玉、

十二龙九凤冠

瓷器等生活用品以及丝织品等。金器有280多件，大部分为锤揲制成，较为复杂的器形则分部件打制，然后再焊接在一起。器身大多装饰有云龙纹，少数为花凤纹。有的金器还镶嵌珠宝作为装饰。一部分金器上刻有铭文，内容包括名称、重量、制作年月等。金、银锭也刻有产地、重量、贡纳时间及工匠姓氏。用金丝编成的皇帝的翼善冠，上有二龙戏珠，制作极其精美。皇帝、皇后棺中出土的首饰共248件，其中，簪的数量最多，达199件。簪的质料有金、银、铜、琥珀、玳瑁、玉、木等，顶部多装饰有绚丽多彩的珠宝等。丝织品主要出自皇帝和皇后的棺内，数量和品种之多是前所未有的，以各种质料的织金妆花织物和缂丝、刺绣品最有代表性。织锦匹料是原装入葬的，有腰封、题签，书写着产地、尺寸、织造年月、织工姓名等。

出土的衣物大多穿戴在皇帝、皇后身上，有衮服、龙袍、女衣、裤、裙、大带、绶等。衮服纹样为十二团龙和日、月、星辰、山、龙、华虫等十二章，是缂丝艺术性与实用性的完美结晶。衮服是皇帝祭天地、宗庙以及正旦、圣节等大典时所穿的礼服。皇后的衣物有凤冠、百子衣、佩饰等。百子衣是一件典型的明代宫廷绣品，整件衣服用刺绣工艺制成，衣上精致地绣有100个童子，以此象征皇室子孙永世兴旺。凤冠有4顶，每顶上都镶嵌珍珠和宝石，皆富丽堂皇。

镶珠宝金簪

定陵是中华人民共和国成立后第一座有计划发掘的帝王陵墓，为后来中国陵墓的发掘提供了实际操作经验，也为后世考古发掘中的文物保护工作提供了借鉴。1959年在原址建立博物馆对外开放，成为全国重点风景名胜区，吸引着八方来客。

明代北京城

明代北京城是在元大都的基础上建成的，外城包着内城南面，内城裹着皇城，皇城又包着宫城，平面呈“凸”字形，是以一条纵贯南北、长达8公里的中轴线为依据进行布置的。外城有七门，内城有九门，皇城有六门。宫城又称紫禁城，是全城的核心，共有四门。这座气势恢宏的明代帝都堪称历史文化名城。

050 绿水青山中的风景陵园——清东西陵

清代关内的皇陵是历代皇陵中最具特色，它不仅追求气势宏伟，建筑精美，同时也极注重周边环境，所以两处清陵都是风景极佳的地点。这与清王朝注重园林建设是有关系的。

清朝是中国历史上最后一个封建王朝，统治中国260余载。与历代封建王朝相同，清代也非常注重帝陵的建设，而且有过之无不及，撇开关外的帝陵不讲，仅其入主中原、执掌华夏这个时期，它在关内所营造的帝陵，就决不逊于以往的任何朝代，并且独具特色，成为封建社会最后的经典。

清朝在关内的帝陵分为东、西两处，分别位于北京城的东西方向，故此得名。东陵营建在先，西陵选址在后，都是帝陵的规模和等级，并且一直使用到清末期。它们地理位置不同、山川河流互异、时代或早或晚，但是却都有一个共同点：即每个陵园都是在绿水青山之中，别有一番园林景观的独特魅力。

清东陵位于河北省遵化县，是中国现存规模最大、体系最完整的古帝陵建筑之一，共建有帝陵五座：有顺治帝孝陵、康熙帝景陵、乾隆帝裕陵、咸丰帝定陵、同治帝惠陵以及慈安、慈禧太后定东陵等。

昌　陵

定陵外景

裕陵地宫门扇

清东陵是一块难得的风水宝地。北有昌瑞山做寝如锦屏翠帐，南有金星山做朝如持芴朝揖，中有影壁山做书案可凭可依，东有鹰飞倒仰山如青龙盘卧，西有黄花山似白虎雄踞，东西两条大河环绕夹流似两条玉带。群山环抱、辽阔坦荡、雍容不迫，可谓地臻全美、景物天成。清东陵据说是顺治皇帝看好并亲自选定的。当年他到这一带行围打猎，被这一片灵山秀水所震撼，当即传旨“此山王气葱郁可为朕寿宫”，从此昌瑞山便有了规模浩大、气势恢弘的清东陵。

陵区南北长125公里、东西宽20公里，四面环山。正南烟炖、天台两山对峙，形成宽仅50米的谷口，俗称“龙门口”。诸陵园以顺治帝的孝陵为中心，排列于昌瑞山南麓，均由宫墙、隆恩门、隆恩殿、配殿、方城明楼及宝顶等建筑构成。其中方城明楼为各陵园最高的建筑物，内立石碑，碑上以汉、满、蒙三种文字刻写墓主的谥号；明楼之后为宝顶，即“大坟头”，下方是停放灵柩的地宫。由陵区最南端的石牌坊向北到孝陵宝顶，由一条约12米宽、6公里长的神道连成一气，沿途大红门、大碑楼（圣德神功碑楼）、石像生、龙凤门、七孔桥、小碑楼（神道碑楼）、隆恩门、隆恩殿、方城明楼等建筑井然有序，主次分明。

清东陵的建筑恢弘、壮观、精美。有中国现存面阔最宽的石牌坊，五间六柱十一楼的仿木结构，巧夺天工。有中国保存最完整的孝陵主神路，长6公里，随山势起伏，极富艺术感染力。孝陵的石像生最多，共达18对，造型朴实浑厚。乾隆帝的裕陵规模最大、最为堂皇，地宫精美的佛教石雕令人叹为观止，被誉为“不可多得的石雕艺术宝库”。而慈禧的普陀峪定东陵则是首屈一指的精巧建筑。

清东陵石牌楼

定东陵全景

裕陵位于孝陵西侧，费时30年才建成。地宫在已出土的清代皇陵中最为宏伟，其进深54米，面积337平方米，由三间长方形的券堂——明堂、穿堂、金堂串连成“主”字形。地宫内四壁和券顶皆雕满各种佛像、经文和装饰图案，雕刻刀法明快，线条细腻流畅，以明堂门洞两侧浮雕的四大天王像和券顶的五方佛像最具代表。

普陀峪定东陵是西太后慈禧的陵寝，与东太后慈安陵同年兴建，形制、规模相仿，但慈禧陵于光绪年间全面重修，建筑之华丽精美冠于东陵，尤其隆恩殿里里外外都装饰贴金彩绘，用掉黄金4 500多两。殿内明柱也盘旋金龙，殿前的汉白玉台基中央有透雕的龙凤石陛，构图为“凤上龙下”，充分显现其权势独揽的野心。慈禧陵也有清代后陵中唯一的地宫，据记载地宫内随葬有大量的金玉珠宝，其中一对万寿壶共嵌有珍珠1 200多颗、红宝石56颗、蓝宝石18颗，被视为稀世珍宝。

清西陵位于河北省易县城西永宁山下，也是中国陵寝建筑艺术最杰出的代表之一。西陵始于雍正时期，建有帝陵四座：雍正帝泰陵、嘉庆帝昌陵、道光帝慕陵和光绪帝崇陵，还有一座没有建成的帝陵，是末代皇帝宣统的陵墓。

一个王朝，两处帝陵，怎么埋葬呢？据说乾隆皇帝想出了一个两全其美的办法，要以后的皇帝按“昭穆次序、隔代埋葬”的方式分葬于东陵和西陵，以保江山永固。于是他葬在东陵，其子嘉庆葬西陵，依次类推。但

裕陵地宫明堂

泰陵石象

慕陵隆恩殿室内天花

事实并不如此简单，道光时期，陵寝原本该建于东陵，可建成后却发现地宫内渗水不断，无法使用，所以只好又在西陵境内选择了一块高平之地，重新营建陵墓。后代的光绪在隔咸丰、同治两代皇帝后，也将陵墓建在了西陵，并未真正实现乾隆皇帝“隔代埋葬”的理想形式。

清西陵中泰陵规模最大，建筑年代最早，为西陵之首。昌陵隆恩殿以紫花石墁地，素有“满堂宝石”之称。慕陵规模小，且没有方城、明楼、大碑亭、石像生等建筑，但其工程质量坚固却超过泰陵、昌陵二陵，并以精湛的金丝楠木雕龙在清帝陵中独树一帜。龙恩殿内有大小龙头千余个，举目仰望，千龙聚汇，龙口喷香，精妙绝伦。

西陵周边近200里，外围原有红、青、白三层界桩，每层间距5公里，界桩以外还有官山，不许百姓涉足。西陵宫殿千余间，石建筑和石雕百余座，帝后陵均用黄色琉璃瓦盖顶，王爷、公主、妃嫔园寝则以绿琉璃瓦或灰布瓦盖顶，建筑形式和陵区规划体现着严格的封建等级制度。清西陵反映出了我国古代建筑艺术发展的高度水平和民族风格的优良传统，充分体现了劳动人民的杰出智慧和创造才能。陵区环抱于苍松翠柏之中，在浩瀚的林海中竞相峥嵘，永宁山祥云萦绕，易水河缓缓流淌，更使得清西陵乾坤聚秀，气势宏大。与东陵相比，西陵更加具有浓郁的园林气息，青松翠柏、古树参天、四季常青、松涛鸟语、碧水长流，赋予了一种特殊的灵气，是旅游避暑的胜地。

清东陵、西陵以大量的实物形象和文字史料，从不同侧面展示了中国陵寝建筑艺术风格及皇家宗教信仰的重大发展，具有不可替代的历史、艺术、科学和鉴赏价值。它们作为中国明清皇家陵寝被列入世界文化遗产名录，标志着这组古老的建筑群又迈入一个新的历史时期，并得到了全世界的公认。

清代的皇家园林

清朝皇帝喜欢园林，紫禁城三大殿周围即散布小的庭院、御花园供平时休憩。大型园林有内城：“前三海”——北海、中海、南海，“天地日月”——天坛、地坛、日坛、月坛，其他有景山、太庙、先农坛、社稷坛。外城：圆明园、颐和园、香山等。清代皇家园林称“三山五园”，五园都在圆明园和颐和园之中，三山指万寿山、玉泉山、香山。此外京畿以外还有承德避暑山庄等。